Journal 2003-2004

DU MÊME AUTEUR

La Démocratie à visage obscène, La Table Ronde, 2004.
Les Crimes d'Etat. La comédie judiciaire, Plon, 2004.
De la mauvaise conscience en général et de l'Afrique en particulier. (avec Bernard Debré), Lattès, 2003.
Justice pour le peuple serbe, L'Age d'homme, 2003.
Les Erreurs judiciaires, PUF, collection « Que sais-je ? », 2002.
Dictionnaire amoureux de la justice, Plon, 2002.
Le Suicide de la France, (avec Bernard Debré), Olbia, 2002.
L'Apartheid judiciaire ou le TPI, arme de guerre (avec Pierre-Marie Gallois), L'Age d'homme, 2002.
Avocat du diable, avocat de Dieu (avec Alain Maillard de La Morandais), Presses de la Renaissance, 2001.
Nocturne, Olbia, 2001.
J'ai plus de souvenirs que si j'avais mille ans, La Table Ronde, 1998.
Omar m'a tuer : histoire d'un crime, M. Lafon, 1994.
La Justice est un jeu, Albin Michel, 1992.
Le Salaud lumineux : entretiens (avec Jean-Louis Remilleux), M. Lafon, 1990.
Beauté du crime, Plon, 1988.
De la stratégie judiciaire, Minuit, 1981.

Jacques Vergès

Journal 2003-2004

« Rien de ce qui est humain
ne m'est étranger »

Plon

ISBN : 2-259-19919-4

20-21-22 novembre 2003

Découverte de l'armée suisse

Je viens de passer trois jours délicieux en Suisse, invité par l'armée à un symposium sur l'Ethique, à Montreux. Mon intervention portait sur la justice pénale internationale. Me référant au procès de M. Milosevic à La Haye, devant le TPIY, je n'ai pas manqué de dire tout le mal que j'en pensais :

— un tribunal créé au nom de l'urgence par le Conseil de sécurité et non par une conférence internationale, comme c'est la règle ;
— un tribunal violant le principe de la non-rétroactivité de la loi pénale proclamée par la Déclaration universelle des droits de l'homme et prétendant juger de faits antérieurs à sa création, comme les Sections spéciales de Vichy ;
— un tribunal dont la procédure n'est pas fixée à l'avance mais par les juges eux-mêmes, au gré de leur convenance ;
— un tribunal acceptant d'être payé par les ennemis des accusés, Etats comme l'Arabie Saoudite ou particuliers comme M. Soros ; un tribunal qui considère la rumeur comme élément de preuve et accepte le témoignage d'anonymes.

Le colloque a écouté mes propos avec gravité, sans cette indignation factice que j'aurais rencontrée dans un cénacle progressiste à Paris. Au cours du repas qui suivit, j'ai eu plaisir à dire aux généraux et colonels de l'armée helvétique qu'ils avaient l'esprit plus ouvert que ceux qui, en France, imposent leur loi dans les médias. Ils ne me parurent pas surpris.

23 novembre

Un bonheur à crier sur les toits

A mon réveil ce matin, j'éprouve un tel bonheur que je voudrais le crier sur les toits. En m'étirant avant de quitter le lit, je sens la tension de mes vertèbres et de mes muscles dorsaux. C'est comme si le bonheur s'y était caché uniquement pour que je le découvre, comme dans un jeu d'enfants qui jouent à s'agacer parce qu'ils s'aiment. Et je découvre que je m'aime.

24 novembre

Faut-il poursuivre les insulteurs ?

Déjeuné avec Alassane Ouattara que je n'ai pas vu depuis plusieurs mois. Il me remet un libelle à la gloire de Laurent Gbagbo qui l'étrille un peu. Doit-il poursuivre l'auteur ? Je le lui déconseille. Ce serait faire à cet obscur beaucoup d'honneur, lui assurer une notoriété qu'il n'a pas, tout en lui permettant à l'audience, sous couvert de se défendre, d'en rajouter impunément. Moi-même, quand on fait de moi tour à tour un terroriste, un nazi ou un corrompu, je ne réponds pas.

25 novembre

La Conférence du stage des avocats du barreau de Paris

J'ai rencontré ce matin le premier secrétaire de la Conférence du stage des avocats, à la cour d'appel de Paris, que j'ai invité à déjeuner, comme je le fais chaque année avec le nouveau promu. Nommé premier secrétaire il y a près de cinquante ans, je suis attaché à cette tradition qui maintient, dans un monde voué aux affaires, le culte du beau langage et de la tradition. Des démocrates lui reprochent son élitisme, c'est leur affaire. On m'oppose parfois : « Mais vous étiez communiste ! » Oui, c'est vrai, mais le Parti s'est toujours défini comme une avant-garde et fut pour moi-même un ordre de chevalerie.

26 novembre

Si on dit du mal de moi...

Je n'ai jamais éprouvé de la peine quand on m'insulte, mais plutôt une certaine euphorie, un sentiment de supériorité, et, plus les insultes sont nombreuses, plus mon bonheur est grand. Ce sentiment de supériorité, précisément parce que je méprise ceux qui m'accusent, reste discret et refuse la jactance qui serait une manière d'entrer dans le jeu de mes ennemis. Je n'ai jamais été aussi à l'aise que dans les procès où la foule, ou même les confrères, feignaient de me mépriser parce que je ne leur ressemblais pas et que j'avais l'air de m'en féliciter. « Si vous saviez le mal qu'on dit de vous », me mettait en garde un jour une journaliste qui me voulait du bien et que ma réponse laissa sans voix : « Si on dit du mal de moi, c'est que je le mérite ! »

27-28 novembre

Brazzaville. Le Congo n'est plus une colonie française

Le Pr André Decocq et moi-même avons rencontré ce matin le chef de l'Etat, le président Sassou N'Guesso. L'objet de notre réunion était de faire le point sur la procédure que le gouvernement du Congo nous a confiée devant la Cour internationale de justice contre l'Etat français. C'est un contentieux provoqué par la prétention des juges français de se saisir de faits intervenus au Congo comme si le Congo était encore une colonie.

29 novembre

Sept cents millions de Chinois et moi et moi

Déjeuné avec une amie revenant de Chine, estomaquée par le développement visible du pays. Son admiration me frappe d'autant plus que je l'avais trouvée réservée lors de précédents séjours. J'exprimai ma crainte que ce développement ne se fasse au prix d'une américanisation de la société. Selon elle, ce n'est pas le cas. On s'y référerait toujours aux valeurs du confucianisme, et surtout ce développement est vécu avec une foi dans l'avenir qui, en Occident, a disparu. A un moment du repas, nous en vînmes à parler de cette observation de George Steiner que, dans ce même Occident, les jeunes ne lisent plus, mais écoutent, voire regardent seulement. Là-bas, ils lisent, me dit-elle.

30 novembre

Salon du livre,

organisé par *Le Figaro-Magazine* dans les salons de l'Hôtel de Ville. Beaucoup de jeunes me demandent de leur dédicacer mon *Dictionnaire amoureux de la justice* paru chez Plon (2002), parmi eux quelques pensionnaires de la Légion d'honneur. Ce qui m'a surpris, ce furent les félicitations de Mme Carrère d'Encausse et de M. Fumaroli, que je n'avais jamais eu l'occasion de rencontrer. Après l'expérience de l'armée suisse, voici celle de ma rencontre avec des académiciens. C'est dans les lieux traditionnels que l'esprit est libre aujourd'hui, dans les cercles progressistes et droits-de-l'hommistes qu'il est le plus sectaire.

1er décembre 2003

La nuit m'envahit

De ma vie l'essentiel est caché : je suis un oiseau de nuit. Otez-moi la nuit et je meurs. Au retour d'un dîner en ville, mon bonheur est de passer une heure ou deux dans ma bibliothèque bureau, non pour lire, mais pour rêver, les yeux ouverts, en fumant un cigare. Après quoi la vraie nuit va commencer, dont personne d'étranger ne saura rien. L'obscurité, le noir sont pour moi, comme l'a dit le président Senghor, la vraie couleur de la vie, lisse comme la soie, présente et invisible, sauf ses yeux immenses où meurt la raison raisonnante. La nuit m'envahit, efface mes limites, me dissout afin qu'au réveil je sois plus fort et plus insensible aux surprises.

2 décembre

Rien ne peut m'atteindre

Aucun événement heureux ou malheureux ne peut m'atteindre. Car pour moi les défaites personnelles n'existent pas. Je vis ce qui m'arrive des autres comme une étape vers le but lointain qui est la mort, où je dois arriver entier. Je me donne avec passion, et toujours sans conditions. Je ne suis jamais déçu, car la seule déception qui m'importerait serait de me décevoir moi-même, et cela ne m'est jamais arrivé. Quand un ami me quitte, c'est lui que je plains, ce n'est pas moi. Ma vérité n'est pas l'affaire des autres et je me méfie des consensus. Les imbéciles peuvent appeler cela de l'égoïsme parce qu'ils l'ignorent, mais cela a un nom, c'est l'honneur. Et mon honneur est d'être moi, sans concession à l'air du temps ou aux sollicitations de ce qui n'est pas moi.

3 décembre

Je ne regrette rien

A. D., qui fut au Quartier latin mon adversaire politique, me demande aujourd'hui si je ne regrette pas mon engagement total dans le mouvement communiste et s'étonne que je lui réponde non. Je lui explique que j'étais comme un petit seigneur périgourdin partant à la croisade, heureux à la perspective de se battre – c'était sa fonction sur terre –, de piller. C'était l'usage aussi de connaître mille femmes différentes et, en prime, il pourrait libérer le tombeau du Christ. C'est ce qu'il a fait. De retour chez lui, l'océan de l'Islam peut submerger le petit royaume de

Jérusalem, il en éprouvera du regret, mais distancié. Cela ne le concerne plus. Ce qui le concerne désormais, c'est ce qu'il en a rapporté : le bonheur des souvenirs et une rose d'outre-mer. Je suis comme lui un veuf joyeux.

4-5 décembre

Conférence à Montpellier

Invité à Montpellier, à la Maison de l'avocat, par deux étudiantes, la première et la deuxième de la classe, l'une Guadeloupéenne, l'autre Marocaine, à parler aux élèves avocats de ma passion de défendre. Heureux de la présence du bâtonnier et du président du TGI. Je me rends compte ici, comme hier auprès des officiers suisses, combien la pensée unique n'influence pas ceux qui, dans notre société, se livrent à une activité réelle en prise avec la vie des gens. La société du spectacle se rétrécit aux limites de quelques lobbies de faiseurs nantis, maîtres des médias et de ce qui tient lieu aujourd'hui de salons, chambre des glaces leur renvoyant sans cesse leur image comme dans les vieux bordels d'autrefois.

6 décembre

Jury de thèse à Toulouse

J'assiste ce matin, à Toulouse où je suis arrivé cette nuit, à la soutenance d'une thèse consacrée au traitement médiatique des procès de crimes contre l'humanité. Même si elle manque d'idée directrice, elle représente un travail tellement énorme de documentation qu'elle sera désormais une référence pour tous les chercheurs. Pour illustrer le côté spectacle de ce genre de procès, je donnais l'exemple suivant : au procès de Klaus Barbie, les trente-neuf parties civiles étaient toutes européennes. Aussi, à la dernière semaine de ce procès, qui dura deux mois, je demandais à un confrère de Brazzaville et à un autre d'Alger d'être à mes côtés.

« Mais nous ne connaissons pas le dossier, m'objectèrent-ils.

— Qu'importe, leur répondis-je. Même muets, votre silence sera retentissant. Vous serez l'humanité s'asseyant sur le seul banc de la défense. »

7 décembre

Comment peut-on être congolais ?

Déjeuner chez Lipp avec le ministre congolais du Budget. Etonnement devant l'affabilité des Français en général, leur intérêt pour les autres qui dément le paternalisme de la gauche française, imbue de sa supériorité rêvée, et s'inventant un devoir d'ingérence pour faire de l'autre son sosie. Les magistrats qui ont ouvert la procédure contre les dirigeants du Congo sont de ce type. Ils ne peuvent admettre que d'autres puissent avoir une autre histoire que la leur, d'autres dieux, d'autres idéaux. C'est le travers que brocardait déjà Montesquieu dans les *Lettres persanes,* mais les niveleurs d'alors ne s'étaient pas encore inventé une religion laïque.

8 décembre

Mme Garaud

Dîner ce soir chez un ami commun avec Marie-France Garaud que je rencontre pour la première fois. Elle a suivi avec attention, et je crois amusement, le procès des emplois fictifs du RPR et n'arrive pas encore à comprendre le système de défense de M. Juppé. « C'est, lui dis-je, qu'il a joué à se faire peur et a fini par avoir peur. Alors il a accepté le système délirant et chimérique que son défenseur lui a proposé : niez tout et je fais annuler la procédure. La procédure n'a pas été annulée et les dénégations de M. Juppé, contredites par ses collaborateurs, n'ont convaincu personne. » Je comprends, à écouter Mme Garaud parler de tout et de rien, l'influence qu'elle a pu avoir sur notre actuel chef de l'Etat.

9 décembre

A propos de Ionesco, de Cioran et d'Eliade

Déjeuner ce matin chez Lipp avec un intellectuel roumain, communiste, puis exilé volontaire, aujourd'hui rallié critique au nouveau régime. Je l'écoute parler de Cioran, Eliade et Ionesco qu'il a bien connus, objets actuellement des critiques d'humanistes professionnels n'ayant jamais pris de risques dans leur vie et heureux de cracher sur ceux qui les dépassent. Par-delà leur image réductrice, il fait revivre pour moi ces trois hommes de talent et de conviction, d'autant plus séduisants à mes yeux qu'ils se sont trompés. A la fin du repas, un petit homme sec et brun se présente à moi : « Vous êtes le personnage d'un de mes films. » Il s'agit de Youssef Chahine, l'auteur de *Djamila l'Algérienne.*

10 décembre

Un appel du fils de Tarek Aziz

Je reçois un appel téléphonique du fils de M. Tarek Aziz, l'ancien ministre des Affaires étrangères d'Irak, aujourd'hui prisonnier des troupes d'occupation. Il est sans nouvelles de son père depuis son arrestation et me demande d'être son défenseur. Ce que j'accepte volontiers.

J'ai rencontré M. Tarek Aziz plusieurs fois à Bagdad, au cours de conférences internationales contre l'embargo qui a provoqué beaucoup de morts parmi les plus faibles, enfants et vieillards, l'avenir et la mémoire de l'Irak. Un jour m'apercevant devant un ascenseur, d'un mouvement naturel, il m'a serré dans ses bras comme on embrasse un vieil ami. Depuis, nos rapports ont changé.

11 décembre

Un club d'hommes

Repas d'hommes dans le salon particulier d'un restaurant parisien. Nourriture d'hommes : foie gras, civet de sanglier, fromages aux senteurs fortes, ananas rôti au miel, vin de Bourgogne, bon armagnac, cigares. Propos échangés à voix haute où s'affrontent, comme sur un ring, prétendus fachos et anciens staliniens. J'y retrouve l'atmosphère du club libéral, à Londres, où m'avait conduit pendant la guerre un ami anglais des FFL.

A. R. me reproche ce repas. Un repas de « machos », dit-elle. Mais il n'y a pas là mépris de la femme. Imagine-t-on un homme dans un hammam à l'heure où les femmes s'épilent en bavardant ?

12 décembre

La Cour internationale de justice

Notre document, au nom de la république du Congo, est prêt. Le Pr Decocq en est l'auteur principal. Un travail de titan : cent vingt-cinq pages d'arguments de droit et de faits, que je dois reproduire à cent vingt-trois exemplaires et faire porter demain par ma collaboratrice à l'ambassade du Congo à Bruxelles, qui devra les remettre au greffe de la Cour internationale de justice dans la journée, après y avoir apposé le cachet de l'ambassade. Il appartiendra aux représentants de l'Etat français, c'est-à-dire au service juridique du Quai d'Orsay, d'y répondre dans un délai que la cour fixera. Notre activité ressemble à celle des animaux qui hibernent. Après une période brève de chaleur, de longs moments d'attente.

13 décembre

Je n'aime pas la chance

Je préfère compter sur l'effort à long terme. Je n'aime pas le poker, ni la loterie, mais les échecs et le jeu de go. Encercler l'ennemi sans qu'il s'en aperçoive, courir le pari (non le hasard) de son aveuglement. Parce que l'aveugler relève aussi de la manœuvre et non du coup de dés. On se trompe rarement en misant sur la prétention de l'adversaire. Pour ces raisons, si j'avais dû choisir un animal héraldique, j'aurais choisi le serpent, capable d'attendre silencieusement, malgré la faim ou le froid, le passage obligé de la bête et se détendre alors plus vite que le tigre sur sa proie.

14 décembre

La rue des Martyrs et le lièvre à la royale

Comme tous les dimanches, je fais mon marché rue des Martyrs. J'ai envie ce matin d'un lièvre, mais comment l'accommoder ? Deux écoles se heurtent chez le boucher qui a mis tout le monde au courant de ma présence. Partisans de la sauce à la royale, les uns se réclament de l'école périgourdine avec foie gras et truffes, les autres de la tradition poitevine qui les exclut. Les uns reconstituent le lièvre, les autres le servent en capilotade. Tous attendent mon choix qui va les décevoir tous : j'opte pour un rôti qui conserve et délivre les saveurs propres du lapereau « pris au gîte », meilleur que l'animal forcé qui accumule les toxines.

15 décembre

L'arrestation de Saddam Hussein

J'apprends l'arrestation de Saddam Hussein par les journalistes qui me téléphonent parce qu'ils ont appris que j'ai été désigné pour la défense de M. Tarek Aziz, le ministre des Affaires étrangères de l'Irak indépendant. A la BBC, à ABC, à Radio Montréal, à Europe n° 1, à RTL, je tiens le même discours : « Oui, je suis l'avocat de Tarek Aziz, que je connais personnellement et qui est un homme distingué et estimable. Oui, si Saddam Hussein me désignait, j'accepterais de le défendre également :

1. Pour faire respecter leur statut de prisonniers de guerre ;

2. Pour faire la lumière sur les accusations portées contre eux et qui manifestement posent question puisque, à les supposer avérées, ces accusations concernent des événements qui se seraient déroulés avant la guerre du Golfe, à une époque où en Occident, de Paris à Londres et à New York, ces deux hommes étaient considérés comme des amis et des alliés respectables.

16 décembre

Crimes d'Etat et comédies judiciaires

Nombreux appels concernant la défense de M. Tarek Aziz et celle de Saddam éventuellement : Canal +, France 3, France Inter, RMC, ITV, télévision d'Abu Dhabi. Je dois aujourd'hui avec F. B., ma principale collaboratrice, revoir le manuscrit à remettre aux éditions Plon, concernant les crimes d'Etat et les comédies judiciaires, sujets on ne peut plus d'actualité aujourd'hui que les assassins se font juges et que l'hôpital se moque publiquement de la charité. Accuser les responsables irakiens quand, par l'embargo, on a tué à petit feu cinq cent mille vieillards et enfants relève d'une effronterie sans pareille.

17-18 décembre

Conversations à Amman

Arrivé à Amman ce 17 à 19 h 30. Attendu à l'arrivée par Zyad, le fils aîné de Tarek Aziz. Repas dans un restaurant italien. Le lendemain, rendez-vous avec la femme de Tarek Aziz et celle de Zyad. Rencontre avec Saddam, le frère cadet. Je leur expose mon programme de démarches auprès du CICR et de la CPI pour que soient respectées les conventions internationales concernant les prisonniers. Interviews à l'AFP, Reuters, RFI et France 2.

Conversation intéressante avec le journaliste de France 2, venu exprès de Jérusalem, qui se définit comme Israélien et Français. Sa vision de la situation en Palestine est désespérée : en Israël, une nouvelle génération de jeunes colons, indifférents au sort des Palestiniens que leurs pères ont chassés ; du côté palestinien, misère et désespoir d'une jeunesse née dans les camps.

19 décembre

Rencontre avec le président Bouteflika

Rentré d'Amman par l'avion de nuit.

J'assiste ce soir à la conférence d'Abdel Aziz Bouteflika, président de la République algérienne, dans le grand amphithéâtre comble de la Sorbonne. Discours convenu sur le dialogue des civilisations, mais où perce discrètement une critique de l'ostracisme dont est victime l'Islam. En ces temps d'agression contre l'Irak, et même de loi sur le voile islamique à l'école, le propos prend son importance. A mon arrivée, avant l'ouverture de la cérémonie, j'ai été l'objet d'un bain de foule chaleureux, de demandes innombrables d'autographes. Jean Daniel, présent, m'a dit d'un air pincé que je faisais concurrence à Zidane. J'y vois pour ma part un hommage, non seulement à ma défense du FLN autrefois, à celle des fedayin palestiniens en Israël même, en Grèce, en Suisse, à celle de Georges Ibrahim Abdallah, d'Omar Raddad, mais aussi à ma défense aujourd'hui de Tarek Aziz.

Allergique aux démarches de ceux qui veulent absolument approcher les grands de ce monde, je partais quand l'organisateur m'a rattrapé : Bouteflika voulait me voir. Je l'ai rejoint alors qu'il descendait un escalier encombré de groupies et j'ai descendu l'escalier à reculons, serré dans ses bras. Il y a quarante ans que nous nous connaissons ; à l'époque, j'étais suspendu du barreau de Paris et lui était dans l'armée, aux frontières.

20 décembre

Un collectif de défense

Dès mon retour d'Amman, je reçois de nombreux messages de soutien, spécialement des pays arabes, musulmans et d'Afrique noire, de sorte que je peux, dès maintenant, mettre sur pied un groupe de défense homogène, une équipe pour se battre et vaincre : le plus important cabinet suisse, d'éminents professeurs français, un confrère algérien, une avocate sénégalaise. Un collectif de défense est comme un attelage : s'il n'est pas uni, la défense verse dans le fossé, comme une charrette qui serait tirée en même temps par un pur-sang, un mulet et un bœuf. S'il est uni, il ressemble aux Harlem Globe Trotters : sur un thème donné, l'improvisation peut s'exercer, l'incident de procédure passant de bouche en bouche comme le ballon de basket de main en main.

21 décembre

Le champ de bataille sera partout

Détente aujourd'hui, consacrée à la lecture. D'un journal de Dakar, j'extrais ce passage concernant les Américains et l'arrestation de Saddam Hussein : « Aujourd'hui les Irakiens ont devant eux, je ne dis pas un martyr, mais un saint. Et vous savez, avec un saint, on peut faire beaucoup de choses. » Ce qui est frappant, dans l'exhibition honteuse de Saddam Hussein prisonnier, c'est qu'elle exprime l'absence complète de valeurs aux Etats-Unis. Mais il y a des pays où les hommes croient encore en l'honneur. Du nouveau traité de stratégie chinoise, *La Guerre hors limites,* ces lignes : « [Le champ de bataille sera partout.] Cela signifie que toutes les armes et toutes les techniques pourront être imposées à loisir ; que toutes les frontières qui séparent les mondes de la guerre et de la non-guerre seront totalement abolies ; que les principes actuels du combat devront être modifiés et, même, que les lois de la guerre devront être réécrites. »

Je suis infiniment heureux.

22 décembre

Nouvelles de mon ami Khieu Samphan,

que j'ai connu étudiant à Paris, féru d'économie et symbole du jeune progressiste sommé de choisir entre la soumission à l'impérialisme américain et le ralliement au grand rêve libérateur du communisme. Plus tard, menacé d'arrestation par les pro-Américains qui préparaient le coup d'Etat du général Lon Nol, il trouve refuge chez les

Khmers rouges dont il a connu certains à Paris aussi. Compagnon de route type, il est celui qu'on montre, mais qui ne décide pas. Sa propre famille est frappée, mais que faire ? Déserter lui semblerait une lâcheté, rejoindre l'autre camp serait une trahison. Aujourd'hui, il vit dans l'attente de son procès et est décidé à y faire face, moins habile que Iang Sary qui a su obtenir la grâce du roi Sihanouk. Mais Khieu n'est pas un expert du rapport de forces.

23 décembre

Monsieur mon passé, laissez-moi passer

Reçu aujourd'hui la visite de deux Algériens à propos de l'Irak.

Un jeune confrère, né après la guerre d'indépendance et spécialiste des problèmes internationaux, qui s'offre à me seconder dans la défense de Tarek Aziz. Il a une vision plus claire des choses et vit la tragédie irakienne d'aujourd'hui avec plus de lucidité que les vétérans de la lutte, mes vieux compagnons que le souvenir lancinant d'un passé héroïque aveugle.

Et un vieux militant que j'ai défendu autrefois et que j'avais perdu de vue depuis trente ans ; lui aussi s'offre à m'aider. Nous tisonnons nos souvenirs, que je revis avec bonheur, mais qui le brûlent. Je n'arrive pas à imaginer que cinquante ans bientôt se sont écoulés. Mais c'est que je ne suis pas l'homme d'un seul amour, et le temps, pour moi, passe vite. Ce n'est pas son cas : homme d'un seul combat.

24 décembre

Réveillon au château

Réveillon intime ce soir au château de Groussay où Jean-Louis Remilleux nous a invités, ma fille, mon fils et moi-même. Remilleux est monté à Paris tout jeune, au moment où je revenais, après ce que certains appellent ma « disparition de huit années ». Au *Quotidien de Paris*, puis au *Figaro-Magazine*, il a eu l'occasion de suivre mon activité et a perçu le premier combien l'image qui était faite de moi dans la presse était réductrice. D'où l'idée d'un livre de conversations, *Le Salaud lumineux*, qui fut un best-seller. Depuis, Jean-Louis Remilleux est devenu un producteur de télévision en vue, en même temps que mon activité (je préfère ce mot à clientèle) s'élargissait, et nous sommes restés amis. Certains se demandent ce qui peut nous unir alors que l'un est classé à droite et l'autre comme un ex-homme de gauche devenu non-conformiste. Et c'est précisément ce non-conformisme, ce mépris des schémas tout faits, des classifications arbitraires qui, je crois, nous réunit, et aussi l'amour de la bonne chère, des bons cigares, du bon vin et des bons alcools. Ce soir, je vais à notre rendez-vous avec une bouteille de château-petrus 1982.

25 décembre

Qui suis-je ? Un taoïste

Vœux téléphoniques comme chaque année, à mon frère Paul, à Djamila et aussi aux autres amis et amies : Hermine, Ute, Micheline, Magdalena, Jean-Louis Keita, bâtonnier du barreau d'Aix et, comme il aime à le souligner, « premier bâtonnier black en France », Omar Raddad, les professeurs Decocq et Zorgbibe, Dominique Poncet à Genève, Dior à Dakar et mes autres amis des barreaux d'Afrique.

Puis interview de la télévision chinoise concernant le procès prévu des dirigeants irakiens. Après l'interview, nous discutons à bâtons rompus de ce que les spécialistes appellent les « plans de coupe ». Je retrouve avec nostalgie la politesse chinoise, l'intérêt pour mes origines.

« Vous êtes de culture française, me dit le journaliste, mais votre comportement n'est pas celui d'un chrétien.

— Pourquoi ?

— Parce que vous n'êtes pas un inquisiteur.

— Alors, que suis-je ?

— Un taoïste.

— Pourquoi pas ? »

26 décembre

Avec Georges Ibrahim Abdallah

Je vais rendre visite à Georges Ibrahim Abdallah dans sa prison de Lannemezan. Arrivé de Paris par l'avion du matin, je déjeunerai dans un bistro avant d'aller le voir en début d'après-midi. Pendant une heure, nous ferons le point sur son dossier de liberté conditionnelle que je dois plaider le 9 janvier devant des magistrats au sommet de la hiérarchie et pas plus ouverts pour cela. Le dossier montrait pourtant des éléments positifs : assurance de réintégration sociale au Liban, expertise psychologique excluant tout risque de récidive. Mais la décision politique sera prise un œil tourné vers Washington et l'autre vers M. Sharon.

La dignité d'un prisonnier est intolérable pour un haut magistrat. Il y a, à ce sujet, des témoins dignes de foi, aussi différents que Saint-Simon ou le général de Gaulle.

27 décembre

Jeanne

Une inconnue discrète a déposé dans la boîte à lettres du cabinet un paquet de chocolats. On croit comprendre qu'elle habite Lille. Parfois, à l'occasion d'autres voyages à Paris, elle dépose des fleurs. Les secrétaires qui l'ont vue la décrivent : vingt-cinq à trente ans, visage avenant et sérieux, vêtue modestement. D'autres jeunes femmes viennent aussi au cabinet, papillons attirés par la lampe, mais discrètes. Je me souviens d'une adolescente issue d'un couple mixte franco-maghrébin et qui voulait que je l'adopte. Elle avait laissé au secrétariat ses bijoux de fantaisie comme on jette une ancre à la mer. Une Allemande, dont nous nous sommes posé la question de savoir si elle ne travaillait pas pour la police tant elle semblait au courant de mes activités professionnelles. Sur mon répondeur, je trouve un appel ce matin : « Jacques, c'est Valérie, on m'emmène de force à l'hôpital. Viens me délivrer. » Je ne connais pas de Valérie et elle ne me donne pas le nom de son hôpital.

28 décembre

Une ombre, moi

Dans la rue déserte
Passe une ombre, moi
Puis une autre encore
Moi, toujours
Dans la nuit étoilée
Je nous salue, moi
A tous les âges
Sous tous mes masques.

29 décembre

Déjeuner aujourd'hui avec Louise-Yvonne Casetta,

héroïne du procès des emplois fictifs du RPR qui s'est déroulé au tribunal correctionnel de Nanterre du 29 septembre au 17 octobre. Deux écoles se heurtaient dans la défense des responsables du RPR : tout nier et compter sur un vice de forme pour voir annuler la procédure, ou reconnaître les faits et plaider la bonne foi, les différentes lois sur le financement des partis étant particulièrement confuses. Je fus seul à soutenir le second point de vue et, comme la procédure n'a pas été annulée, la défense de Mme Casetta devint la plus crédible. Celle que les médias manipulés (y compris par certains compagnons de Mme Casetta) présentaient comme l'unique responsable des errements reprochés finit par être saluée par la présidente du tribunal du qualificatif de « bon soldat ». Cette femme, a écrit un journaliste du *Monde*, a plus de courage que tous les hommes poursuivis dans ce procès, parmi lesquels trois anciens ministres.

30 décembre

Le bureau célèbre la fin de l'année

Comme chaque année, le cabinet (quatre personnes en tout et pour tout) va célébrer ensemble, au cours d'un repas, la fin de l'année. La fête va se dérouler dans un restaurant asiatique de la rue Jean-Mermoz, désigné à la majorité de notre PME. Après les calamars sautés sel et poivre, le homard au gingembre, les saint-jacques à la vapeur, les travers de porc à la sauce pimentée et sucrée, le bœuf au saté ou le turbot simple arrosé de dom pérignon et de graves blanc ou rouge, nous reviendrons au bureau plus unis que jamais. Le cabinet, qui reste fidèle à une conception traditionnelle du métier, préfère le cousu main à la confection, l'artisanat à l'industrie, cultive l'indépendance et les coups de cœur, et par cela même connaît, comme toute petite entreprise, ses hauts et ses bas. Les périodes de difficultés ont entraîné des désertions bénéfiques, puisque l'équipe restreinte en est sortie plus soudée. A ce repas, nous sommes loin d'être douze et il n'y a pas de Judas.

31 décembre

Elections en Serbie

La presse aujourd'hui est remplie de commentaires attristés sur le résultat des élections en Serbie qui, pour ma part, m'enchante. Malgré la propagande massive des pays occidentaux (dont la France hélas !) pour convaincre les Serbes qu'ils sont les seuls responsables des guerres qui ont ensanglanté la fédération yougoslave, malgré les dollars versés à des démocrates mafieux, les Serbes ont voté pour leurs responsables prisonniers du TPIY : Milosevic est élu. Lui que les médias d'Occident couvrent d'injures et que des juges dociles poursuivent pour crimes contre l'humanité apparaît à son peuple comme un héros parce qu'il refuse de baisser la tête et d'endosser la responsabilité des grandes puissances dans les malheurs de son pays.

Je ne serai jamais un notable parce que j'éprouverai toujours de la sympathie pour les vaincus qui conservent leur fierté. En ce début de siècle où la barbarie se fait larmoyante et l'amoralisme moralisateur, il est bon d'entendre résonner des voix d'hommes comme des coups de feu pendant un concert.

1er janvier 2004

Voyages d'affaires

Une revue consacrée aux voyages d'affaires me demande un « Carnet de voyage », un billet d'humeur. J'ai enfin le temps de l'écrire.

« Les seuls voyages qui nous permettent de connaître le monde sont les voyages qui ont un but, je hais les visites organisées de lieux connus, regardés à la va-vite pour en parler plus tard, les appareils photo en bandoulière qui dressent un mur entre les autres et nous. C'est au cours de voyages professionnels qu'on peut le mieux connaître d'autres gens, d'autres mœurs, d'autres regards sur le monde et la vie, au moment inattendu où s'expriment furtivement un rêve, un regret, un espoir, parfois un aveu. Ce sont des moments qui illuminent la vie. Ainsi, pour moi, cette visite à Dakar, un jour, à un confrère que j'avais connu étudiant à Paris et que je retrouvais vieilli, digne et pauvre dans une chambre qui aurait été sordide si elle n'était éclairée par son sourire. Cette nuit, sur le Yang Tsé où une camarade soviétique m'a réveillé pour regarder avec elle s'éloigner la rive illuminée. Ce repas à Genève chez le pasteur Philippe Maury où il rompit le pain. Il avait exigé que je me domicilie officiellement chez lui alors que j'étais en fuite, en souvenir de nos rencontres à Vienne, au temps de nos activités militantes. Dans ces voyages, j'aime remettre mes pieds dans mes traces, dans mes souvenirs. A Rabat, je descends toujours à l'hôtel de la Tour-Hassan, parce que j'y ai logé il y a plus de quarante ans quand, suspendu du barreau de Paris, j'étais accueilli par le ministre des Affaires africaines. A Alger, je descends à l'hôtel Aletti parce que c'était mon pied-à-terre pendant la guerre d'Algérie. A Prague, à l'hôtel Alcron parce que j'y accueillais, comme secrétaire de l'Union internationale des étudiants, nos hôtes de marque avant d'y loger moi-même. Et toujours, je voyage autant que possible par la même compagnie, UTA quand elle existait encore, parce que tout le monde se connaissait, Air France aujourd'hui. »

2 janvier

Vœux et cris de détresse

En cette période de fêtes, je reçois beaucoup de cartes de vœux dont certaines surprenantes parce qu'elles me font découvrir des amitiés inattendues, mais beaucoup aussi de courrier de détresse. Ainsi cette mère de famille qui m'écrit : « Deux fois par semaine je me rends à l'hôpital pour voir mon fils. Ces hommes et ces femmes ne sont plus que des ombres, cassés, brisés, trop souvent humiliés et bien entendu édentés. Tout cela dans l'indifférence générale. Seule la mort sera pour eux une délivrance si personne ne prend conscience de ce tragique bilan. P. était un enfant magnifique. Il a aujourd'hui 20 ans. Qu'en ont-ils fait ? [...] Je n'attends plus grand-chose de la vie mais je continuerai à me battre pour que mon fils retrouve un semblant de dignité. »

Ce détenu qui ne peut supporter que les gardiens humilient sa femme : « Ma femme vient me voir au parloir chaque week-end et à chaque fois, soit on lui fait une remarque, soit on lui fait enlever ses chaussures ou bien ses boucles d'oreilles. Je ne supporte plus les parloirs. Ça va très mal finir car j'estime qu'on ne doit pas manquer de respect aux familles. Maître, je me donne encore quinze jours et je mets réellement fin à ma vie. Je n'ai qu'une parole. »

Ou encore cette phrase d'un autre désespéré : « La mémoire, quand il y a du désespoir autour de soi, la mémoire, il n'y a que ça de vrai. »

3 janvier

La prison me fascine

L'hebdomadaire allemand *Die Zeit* me consacre cette semaine un long article où je découvre ce commentaire de Badinter à mon sujet : je serais un grand avocat, mais, pour l'être, il faut éprouver jusqu'à l'angoisse la crainte de la prison... Je n'ai jamais éprouvé cette angoisse, pas plus qu'à la guerre je n'ai craint d'être blessé ou tué. La prison me fascine mais pour d'autres raisons : parce que c'est le lieu où les hommes apparaissent dans leur nudité, révèlent leur essence jusque-là cachée. Et c'est bien pour cela qu'elle est terrible. Devant un détenu, j'éprouve un sentiment qui ressemble à celui d'un médecin contemplant la radiographie d'un malade. Et le malheur du détenu comme la radio d'un malade nous interroge sur nous-même, notre force et notre faiblesse. Pour connaître une ville, André Gide conseillait de visiter le marché et le tribunal. La prison nous révèle plus qu'une ville, l'homme dans son effrayant mystère.

4 janvier

Toujours une ombre

L'ombre qui tantôt me précède
Tantôt me suit
N'est pas la mienne
J'ai découvert son secret
Le jour où je tombai blessé
A son retard à me suivre
Dans ma chute
Comme si elle attendait
Que l'autre après moi
Mette genou à terre
Mon ange, mon double
Les nuits sans lune
Et sans ombres
Je l'entends passer et repasser
Invisible devant ma fenêtre
Comme une sentinelle
Veillant sur un prisonnier

5 janvier

Le regard des enfants d'Irak

Un ami algérien, inconnu, qui cache son identité sous l'initiale D, me fait parvenir un livre de photos sur les enfants d'Irak victimes de l'embargo. Très grande pudeur. Pas de photos d'infirmes ni de mourants : que des regards dans une ville où la splendeur menacée des Abassides voisine avec la pauvreté et le désespoir. Se détache le portrait d'une jeune femme dont le regard dit à la fois le désespoir et la dignité. C'est une chance, pour le malheur et le combat d'un grand peuple, de pouvoir s'incarner dans le visage d'une femme. Nous vivons la période la plus noire de l'histoire du monde, mais, dans nos sociétés protégées (pour combien de temps ?), personne ne veut l'avouer. Pour clouer au pilori les responsables, les crucifier sur le bois de la honte, il faudrait aujourd'hui la colère inspirée d'un Agrippa d'Aubigné dont Marguerite Yourcenar a su dire la grandeur et l'actualité :

« La grandeur de D'Aubigné consiste à avoir essayé d'enfermer dans la forme résistante du poème non la plainte, mais le cri de certitude des martyrs de sa cause, leur chant adressé à Dieu ; il a parlé pour des voix réduites au silence ; il a aussi vomi sa fureur à l'égard de ceux qui lui semblaient avoir commis ou n'avoir pas empêché l'injustice. [...] »

6 janvier

Conférence au Centre de formation du barreau

Conférence aujourd'hui, comme l'année dernière, donnée au Centre de formation du barreau. Ma conférence n'a rien d'un cours prononcé *ex cathedra*, c'est le récit d'une passion. « La passion de défendre » est d'ailleurs son titre. Des questions m'ont naturellement été posées, concernant les « grands criminels de guerre » que je défends. A la sortie, un étudiant, que mon attitude évidemment intrigue, me repose la question. Je lui réponds que George Steiner, dans *Le Transport d'A. H.*, a bien écrit une défense de Hitler dans un procès imaginaire. L'occasion comme toujours d'entendre des vérités désagréables : « Je n'étais à la vérité qu'un homme de mon temps. Ce fut, je n'en disconviens pas, une époque sordide, je ne l'ai pas créée et je n'étais pas le pire. Loin de là. Combien de misérables petits êtres vos amis belges ont-ils tués raide ou abandonnés à la famine et à la syphilis quand ils ont pris le Congo ? Répondez-moi, messieurs. Quelque chose comme vingt millions. Ce pique-nique menait bon train au moment de ma naissance. Que furent Rotterdam ou Coventry comparées à Dresde ou Hiroshima ? Je ne m'en sors pas trop mal dans ce vilain jeu des statistiques. Suis-je vraiment l'inventeur des camps ? Demandez donc aux Boers. Mais soyons sérieux. Qui a ébranlé les fondements du Reich ? Dans quelles mains avez-vous jeté des millions, des dizaines de millions d'hommes et de femmes, de Prague à la Baltique ? Les offrant comme une jatte de lait à un chat insatiable ? J'ai été l'homme d'une époque meurtrière, mais un bien petit personnage comparé à lui. » Lui qu'on pouvait voir naguère, embaumé dans son mausolée, souriant dans sa moustache grise.

7 janvier

Un émissaire de Khieu Samphan

est venu me voir aujourd'hui. Il est urgent, dans la perspective du procès qui s'annonce, d'affronter l'attaque menée par les médias d'Occident contre la résistance khmère en général et pas seulement les responsables khmers rouges des massacres qui ont eu lieu au Cambodge. J.-L. R. envisage de se rendre sur place avec une équipe de télévision. Le plan prévu est un départ de Paris le 17, arrivée à Phnom Penh le 18 et départ en taxi pour Pailin où Khieu vit modestement d'un champ cultivé par sa jeune femme. J'accompagnerai sans doute l'équipe, un peu comme un cicérone, dans ce pays qu'ils ne connaissent pas. Avec quelle émotion vais-je retrouver mon vieil ami et remuer nos souvenirs !

8 janvier

Où il est question de voile islamique

Un journaliste algérien me demande mon avis sur la loi interdisant le port du voile dans les écoles par des jeunes filles musulmanes. Ma réponse le satisfait : je suis contre cette loi. J'ai été l'avocat, il y a plus de dix ans, des deux jeunes filles d'un collège de Creil que les sectateurs de la laïcité voulaient exclure de l'école. Je donne en exemple l'exception réunionnaise où les jeunes filles voilées sont admises à l'école sans aucun incident et je m'amuse à citer les positions conjointes du président du conseil régional, mon frère Paul, du PCR et de l'évêque Aubry. Le président communiste du conseil régional : « Nous souhaitons que l'originalité de la situation réunionnaise soit prise en compte. » L'évêque : « Il ne faudrait pas que des décisions au niveau national viennent casser, soit directement, soit par réaction, ce qui existe ici. » Bien plus, tous les deux réclament deux jours fériés correspondant à des fêtes hindouistes, « pour tenir compte, dit l'évêque, de l'évolution du paysage socioculturel ». Quitte à sacrifier des fêtes chrétiennes !

9 janvier

Je demande la liberté conditionnelle pour Georges Ibrahim Abdallah

Condamné en 1987 à la prison à vie pour avoir, selon l'accusation, inspiré le meurtre en France d'un officier de renseignement américain ayant servi au Vietnam et d'un officier de renseignement israélien ayant servi au Liban,

Georges Ibrahim Abdallah, arrêté en 1984, a accompli vingt ans de prison. Il était en droit de demander sa liberté conditionnelle. Je l'ai fait pour lui, et la commission compétente, composée de trois magistrats, a estimé qu'il méritait d'être libéré. L'expert psychiatre certifiait qu'il ne présentait pas de risque de récidive. L'école où il enseignait au Liban était prête à l'employer à nouveau. Son salaire allait permettre le paiement aux victimes des réparations fixées par la cour d'assises. L'Etat libanais, enfin, lui délivrait un passeport. Le ministre de la Justice a fait appel de cette décision. Et j'ai plaidé aujourd'hui devant la juridiction d'appel. Mes arguments pour la liberté étaient les mêmes. Mon argument contre l'appel du ministre est que la justice ne devait pas plier le genou devant la raison d'Etats, au pluriel puisque de toute évidence il s'agit, derrière le garde des Sceaux, de ces deux Etats exemplaires que sont aujourd'hui les Etats-Unis et Israël. L'affaire est en délibéré et la question que je me pose est : les magistrats seront-ils, eux, exemplaires ?

10 janvier

M. Fabius fait de la moto, M. Juppé chante

Je lis les magazines avec retard. Dans ceux que je feuillette aujourd'hui deux images me frappent : Laurent Fabius sur une moto, Alain Juppé chantant (« braillant ») une chanson de corps de garde. Je me dis : Comment est-ce possible ? Je ferme les yeux et je les vois flottant sur l'océan de l'actualité comme deux poissons morts.

Le rôle de l'avocat est précisément, derrière ce rideau de fumée, d'essayer de capter chez les accusés un discours intime : celui que se tenaient sans bouger les lèvres le général de Gaulle à Colombey, Staline derrière les murs du Kremlin.

Quel est le discours intime de Laurent Fabius en face des milliers de victimes du commerce de sang contaminé qui eut lieu sous sa primature ? Que pensait Alain Juppé devant le tribunal de Nanterre lorsqu'il niait l'évidence ? Mais ce langage intime, nos hommes politiques en sont-ils encore capables ?

11 janvier

Portrait croisé avec mon frère Paul

Un producteur de télévision a eu l'idée de faire pour RFO un portrait croisé de mon frère jumeau et de moi à travers la guerre, puis a renoncé au profit d'un portrait croisé de nos deux destins : la carrière de l'homme politique, président du conseil régional de la Réunion, et celle de l'avocat « célèbre » doivent à ses yeux constituer un sujet plus « porteur » et intéresser d'autres chaînes que RFO. Sans doute a-t-il raison commercialement, mais je pense que notre engagement dans la guerre, dans les troupes du général de Gaulle, général condamné à mort par l'autorité légale sinon légitime de l'Etat français, fut une expérience pour nous déterminante, jusques et y compris pour notre adhésion plus tard au PC. Une chose est de se dire : je suis prêt à mourir pour une cause ; autre chose de passer à l'acte et d'accepter de mourir et de tuer dans un rôle d'anonyme – j'étais sergent ; à plus forte raison quand ce choix et sa mise en pratique concernent un adolescent de dix-sept ans et demi.

12 janvier

Je réserve un vol pour Phnom Penh

La décision est prise : je vais partir le 17 pour Phnom Penh rejoindre le 19 Khieu Samphan à Pailin avec deux équipes de télévision. Son procès approchant, il est en effet urgent que l'opinion, en Occident, ait de l'ex-président du Kampuchea démocratique reconnu par l'ONU une autre vision que celle, mensongère, d'une brute tachée de sang. Mais je ne pourrai être de retour pour le 21 où je devais plaider devant la chambre de l'instruction de la cour d'appel de Douai comme défenseur de M. Walzack. Ce pompier près de la retraite a perdu sa main au cours d'une manifestation pacifique, les gardes mobiles ayant utilisé des grenades de guerre, sur l'ordre du préfet. Les circonstances justifiaient-elles un tel ordre ? Une confrontation était nécessaire entre les pompiers et les responsables de la police. Le juge nous l'a refusée. Nous avons fait appel. Devant la cour, nous nous bornons à des observations sur un mémoire écrit. Ce mémoire, je l'écris aujourd'hui. Ma collaboratrice le commentera certainement très bien mais je regrette de ne pouvoir le faire moi-même.

13 janvier

Paris est pour moi une ville hantée

J'avais différents rendez-vous ce soir, au Quartier latin, en sortant du Palais de justice. Passant rue Galande devant le siège de la revue *Révolution*, que je dirigeais en 1964, j'y retrouvai les ombres du père Camillo Torres, tombé dans un maquis en Colombie, et d'Osende Afana, tombé au Cameroun dans un autre maquis. De là, je gagnai la rue Saint-Sulpice où j'avais commandé des livres d'occasion à un libraire et, devant l'hôtel situé au n° 22, je retrouvai le souvenir de Taï, tué dans un maquis au Sud-Vietnam, et de Khieu Samphan. C'était alors un hôtel d'étudiants que je gérais. Je remontai le Boul'Mich pour rejoindre la Closerie des Lilas où un confrère m'attendait pour dîner, et m'arrêtai un moment devant le n° 115, le foyer des étudiants de l'AEMNA. J'y dînais le vendredi, je crois, jour où on servait du couscous, avec mon ami Mohammed Inal, membre du PC. Ayant rejoint le FLN, il fut abattu par les forces françaises près de Tlemcen. A la Closerie des Lilas, je me suis assis à la table où j'avais rencontré Moumié, dirigeant de l'UPC, mort emprisonné à Genève.

De cette promenade dans la vallée des morts, je suis revenu heureux et fier.

14 janvier

Des nouvelles de Milosevic

Coup de téléphone de mon ami Branko, ce soir, de Belgrade où il est allé passer les fêtes avant de retourner à La Haye – il est l'un des conseils hors tribunal de Milosevic. Depuis deux ans, l'initiative dans la procédure anglosaxonne du TPIY a été laissée à l'accusation qui a pu produire ses témoins et ses documents. L'accusé a contreattaqué avec assez de succès, et l'accusation n'a pas remporté de succès décisifs. Désormais, après un mois de relâche, le spectacle va reprendre, mais l'initiative sera laissée cette fois à l'accusé. Branko me téléphone à ce sujet pour avoir de moi des propositions et me demander d'assurer à Paris la réception des témoins venus d'un peu partout. Je m'en réjouis. Après avoir eu à se défendre, l'accusé peut désormais attaquer ceux qui ont été les responsables véritables des horribles guerres intestines qui ont ravagé l'ancienne Yougoslavie. Et que Paris devienne la plaque tournante de cette défense-attaque me comble de joie.

15 janvier

Je pars demain pour Pailin

C'est réglé. L'itinéraire est balisé. Je partirai samedi, après-demain, pour Bangkok par un avion de la Thaï Airways, compagnie que j'apprécie pour la gentillesse de son personnel et le raffinement de sa cuisine. Douze heures de vol. Arrivée à Bangkok dimanche aux aurores. Correspondance pour Phnom Penh où je serai à 8 h 05. De là, en voiture amie, j'irai à Pailin retrouver mon ami Khieu Samphan et les paysages que j'aime, lagunes et forêts, odeurs d'épices et arbres en fleurs. Serrer dans ses bras, après tant d'années, un ami dans l'épreuve est un grand bonheur.

16 janvier

La commission rejette ma demande pour Georges

La juridiction nationale de la libération conditionnelle a infirmé la décision des magistrats de la cour d'appel de Pau, proposant de rendre sa liberté à Georges Ibrahim Abdallah après vingt ans de prison. Sans rien renier de son passé, celui-ci avait fait remarquer que l'occupation de son pays par Israël ayant pris fin, la résistance armée n'avait plus de raison d'être. Il exprimait en conséquence son désir de retourner dans la société de son pays où il avait jadis sa place, d'autant que ses amis lui offraient de reprendre ses cours dans le lycée où il avait enseigné. Le directeur de la prison lui décernait l'éloge de prisonnier modèle et les magistrats du premier degré avaient été convaincus. Le ministre de la Justice a ordonné au procureur de faire appel et la juridiction d'appel a exaucé le vœu du ministre et décidé de le garder en prison. Un officier américain et un officier israélien ayant été abattus par des amis de Georges Ibrahim Abdallah, MM. Bush et Sharon sont intervenus en ce sens, et de mauvais esprits pourraient penser que c'est là le motif principal de la décision des juges. Dans leurs attendus, les magistrats n'y font pas allusion, mais les arguments qu'ils invoquent ont l'air de faux nez. Jugez-en :

— En « donnant une explication politique à ses actes politiques, il ne [serait] pas crédible ». Aurait-il dû donner une raison sentimentale ?

— Georges Ibrahim Abdallah s'engage, une fois libre, à payer les amendes auxquelles il a été condamné sur son traitement de professeur ; lui reprochant de ne l'avoir pas fait alors qu'il était en prison, privé de moyens, les hauts magistrats décident de l'y maintenir.

Ce matin, deux mondes se sont affrontés. Celui de Georges Ibrahim Abdallah était celui du courage et de la dignité. A l'autre, je suis étranger.

17-18 janvier

Je revois Khieu

J'arrive ce dimanche 18 à Phnom Penh après douze heures de vol et un décalage horaire de six heures. Il est 9 heures du matin et je me sens d'attaque. Le jeune étudiant qui doit s'occuper de mon voyage et des deux reporters qui m'accompagnent est là, souriant derrière un écriteau qui porte non pas mon nom mais le sien, par discrétion.

Nous montons en voiture pour rejoindre Pailin : six heures de routes défoncées et un arrêt à Battambang pour déjeuner. Je retrouve à droite et à gauche de la route des paysages qui me sont chers. Pailin traversé, nous nous arrêtons non loin dans un lieu-dit composé de quelques maisons en bois, sur pilotis, le long d'un chemin qui longe la frontière avec la Thaïlande. C'est là que nous attend Khieu, qui a grossi un peu et qui a coupé ras ses cheveux blancs. Nous nous étreignons, heureux de nous revoir. Puis je salue, mains jointes, sa femme, de vingt ans plus jeune que lui, très brune, la peau brûlée par le soleil et les travaux des champs. Je suis heureux.

19 janvier

La nuit remue

Nous avons passé la nuit, à son invitation, dans la demeure austère de Khieu. Il n'y a ni eau courante ni eau chaude. Les grandes jarres pour la toilette sont remplies d'eau de pluie que des corvées familiales discrètes montent des grands bacs disposés dans la cour.

La nuit est peuplée. De ma fenêtre, que j'ai gardée ouverte, et du sol que j'aperçois par les interstices du plancher me parviennent des rumeurs d'autrefois, rauquements et abois lointains, sifflements de reptiles ou d'oiseaux, bruit de métronome des becs contre un arbre rempli de larves. Ce matin, les journalistes nous ont filmés tous les deux, évoquant le drame du Cambodge pris dans un étau : d'un côté, la volonté hégémonique du grand frère vietnamien, de l'autre, la volonté américaine d'étendre la guerre du Vietnam au Cambodge. Drame aussi du jeune intellectuel sommé de choisir entre la résistance communiste et la domination étrangère. Aujourd'hui règne une paix précaire au Cambodge, mais nous ne savons pas de quoi demain sera fait.

20 janvier

Conversations à Pailin

Hier après-midi, ce matin et cet après-midi, les journalistes ont assisté, avec étonnement je suppose, aux entretiens de Khieu avec des visiteurs. Hier, un professeur qui justifie les combats des Khmers rouges et un médecin qui les condamne, tout en témoignant du respect pour Khieu, le compagnon de route. Aujourd'hui, ce sont des policiers qui viennent saluer Khieu, et des militaires qui justifient le combat des Khmers rouges.

Je suis resté dans ma chambre, mais les visiteurs, à l'exception des policiers et des militaires en uniforme, ont tous accepté que les journalistes assistent aux entretiens, leur posent des questions et les filment. Je me rends compte, aux récits qui me sont faits au repas du soir (repas délicieux, arrosé exceptionnellement de vin que les journalistes sont allés acheter à Pailin), à quel point les Cambodgiens s'interrogent sur ce qui s'est passé, sans esprit de croisade ni de vengeance. Ce sont les étrangers, spécialement les Américains, qui, refusant leur part de responsabilité dans le drame, veulent empêcher la réconciliation et, à travers l'épouvantail Khmer rouge, stigmatiser la volonté d'indépendance des Khmers.

21 janvier

Au bord du fleuve

Il est temps de rentrer. D'autres tâches urgentes m'attendent à Paris. Mais le retour se fera en voiture vers Bangkok sans passer par Phnom Penh : la route est meilleure et le trajet moins long, quatre heures seulement. Demain, je serai à Paris.

Dans le film *Nous nous sommes tant aimés*, tous les héros ont réussi leur carrière et raté leur vie. En quittant Khieu Samphan, je quitte un homme qui a raté une carrière, mais réussi sa vie en la gardant authentique, « pure », comme me disait un ami latino-américain. En attendant l'avion de nuit d'Air France au bar de l'Oriental, le grand hôtel de Bangkok, au bord du fleuve, un sentiment étrange point, fait de bonheur dans la tragédie. Mon passé m'accompagne comme une ombre.

Quand elle me quitterait
Je creuserais pour la retrouver
Une galerie jusqu'au lac
Peuplé de monstres issus de mes songes
Ancêtres étonnés
Habités de rêves encore informes
Sous des cieux disparus toujours actuels
Jusqu'à ce que je la retrouve et qu'elle referme sur moi
Ses paupières lourdes de ne pouvoir pleurer

22 janvier

Repas avec des anciens de la France libre

De retour ce matin à 6 heures, je suis à mon bureau à 9 heures, impatient de découvrir ce qui s'est passé en mon absence. Il me faut répondre aux demandes d'interviews de la télévision suisse alémanique de Zurich, du journal de Munich *Suddeutsche Zeitung* et de la troisième chaîne italienne. Kaspereit, ancien ministre, ancien député et ancien maire du 9ᵉ arrondissement, m'invite à déjeuner en même temps que le général Gallois, le créateur de la force de frappe française ; nous sommes tous trois unis par le souvenir vivant de la France libre. Une bonne nouvelle, mon ami Dominique Poncet, la gloire du barreau de Genève, ayant consulté ses associés, m'annonce son accord pour être avec moi dans la défense de Tarek Aziz.

23 janvier

Le neveu de Saddam Hussein me désigne

Appel de M. Akouala, ministre de l'Information du gouvernement du Congo, me demandant de lui transmettre le texte de notre mémoire à la CIJ. Appel également de l'ami roumain désireux d'un nouveau contact. Nous nous entretiendrons du dossier d'un émigré devenu citoyen français, héritier d'une riche collection d'œuvres d'art réunie par son père et sur laquelle des bureaucrates ont mis la main à Bucarest. C'est l'occasion de reparler de Cioran sur lequel *Le Figaro littéraire* publie un bel article lucide et dont le ton n'est pas policier.

Mon ami Bechir me téléphone d'Alger pour m'informer que le neveu de Saddam Hussein me désigne pour défendre son oncle. Dans ce dossier, je demanderai à Amar Bentoumi, ancien bâtonnier d'Alger, ancien ministre, d'être à mes côtés.

24 janvier

Encore un cri de détresse

Dans une lettre arrivée par le courrier de ce matin :

« Maître, j'ai recommencé cette lettre des dizaines et des dizaines de fois. A chaque fois, je fais des fautes, des ratures tellement je suis stressé. Je suis enfermé, paralysé depuis le début par l'injustice que je vis et les sentiments forts qui me tenaient à ma petite famille. Et, avant de sombrer dans la folie, je m'adresse à vous, j'ai prié Dieu et rien, et après Dieu, Maître, il n'y a que vous qui puissiez m'aider. » Mais que puis-je si Dieu lui-même n'y peut rien ? C'est une histoire d'attouchements sans témoin, parole contre parole. Quand j'étais stagiaire, le juge aurait ri d'un rire gras et ordonné un non-lieu. Aujourd'hui, le juge jette en prison sans certitude, dans le doute. Il ne dit pas : « *Vade retro Satanas* », parce qu'il est de mauvais ton de croire en Dieu, donc au diable. Il crie : « Plus jamais ça ! » Comme si le mot *jamais* avait un sens.

25 janvier

Un pessimiste gourmand

Je consacre toute ma journée à répondre aux innombrables lettres reçues pour les fêtes, Noël et le jour de l'an, me portant les vœux de succès des pauvres et des riches, des notables et des inconnus auxquels je tiens à répondre avec mon propre stylo. J'ai à peine le temps d'inventer une nouvelle recette de rougets accommodés d'échalotes, d'ail, de sauce de soja, de moutarde et de cardamome. Je suis un pessimiste gourmand.

26 janvier

Suis-je égoïste ?

Une ancienne collaboratrice écrit de moi, dans un livre de confidences, que je suis « un monstre d'égoïsme et d'égotisme ». Le rapprochement des deux mots lui a paru sans doute une redondance de bon aloi et lui a caché leur caractère antithétique. L'égoïste est quelqu'un qui sacrifie tout à son intérêt, y compris sa propre dignité. L'assassin et l'affairiste sont égoïstes. L'égotiste est quelqu'un qui entend faire de sa vie, de ses sentiments, une expérience pour tous. Montaigne, Chateaubriand, Barrès, Stendhal évidemment, qui introduisit le mot en français dans ce sens, et même Descartes, selon Valéry, furent pour notre bonheur des égotistes. Moi aussi, à mon échelle, j'essaye de faire de mon aventure professionnelle une expérience intéressant tout le monde. Est-ce de l'orgueil ? Je n'en suis pas si sûr. Certains me reprochent de les avoir laissés sur le bord de la route et y voient une preuve d'égoïsme. Ce n'est pas le cas mais, arbre, je n'apprécie pas la fidélité du lierre.

27 janvier

Je souhaite ne jamais être riche

Déjeuner ce matin avec S., le couturier connu, aujourd'hui retiré des affaires. Je connaissais son talent, je découvre sa sensibilité. Nous évoquons le souvenir d'une amie commune japonaise, émouvante dans le malheur, odieuse dans la réussite. Je souhaite ne jamais être riche. L'argent rend fou, comme le pouvoir. Vu ce soir un documentaire sur l'affaire Omar Raddad, relativement objectif. Le visage d'Omar, buriné par le malheur, est l'argument le plus fort de son innocence. « Il a été condamné au nom du peuple français », déclare M. Davenas, avocat général à la Cour de cassation. Argument d'autorité d'autant plus ridicule que le peuple français tient Omar Raddad pour innocent. Le pouvoir, fût-il le plus dérisoire, décidément, est dangereux.

28 janvier

Déjeuner chez un ami rue des Belles-Feuilles

L'appartement (petit) : un living double, une chambre à coucher, une cuisine, très clair et cosy, est du même type que celui où M. Bérégovoy comptait finir tranquillement sa vie, dans le même immeuble. Une vie à ses yeux exemplaire, entachée au dernier moment par une aide (prêt sans intérêt ou don) venant de M. Pelat, sur les activités de qui enquêtait le juge Jean-Pierre. M. Mitterrand avait, comme le serpent du jardin d'Eden, servi d'intermédiaire. M. Bérégovoy (suicide ou exécution) en est mort. C'est ainsi que vivent et meurent les hommes politiques qui nous gouvernent.

29 janvier

Un ami américain

Un inconnu, au téléphone, se présentant comme un ami d'Omar Raddad, dont le cas a fait l'objet d'un commentaire télévisuel mardi dernier, a demandé à me voir d'urgence. Je l'ai exceptionnellement reçu. Il s'agit d'un

Américain parlant assez mal français et refusant de me dire son nom. Et l'objet de sa visite ne concerne pas du tout Omar Raddad mais la guerre américaine en Irak. « Je vous apporte un cadeau », me dit-il. Et il est reparti. Le cadeau, contenu dans une grande enveloppe kraft laissée ouverte, consiste en une collection de documents officiels américains, du temps de l'idylle avec Saddam Hussein, portant sur la vente de composants pour des armes de destruction massive. J'ai là la documentation pour la moitié de ma plaidoirie. *Amica America !*

30 janvier

M. Juppé K.-O.

Le TGI de Nanterre a rendu aujourd'hui son jugement dans l'affaire des emplois fictifs du RPR. Un désastre ! La stratégie de M. Juppé, consistant à nier l'évidence, à multiplier les procédures tendant à faire annuler le travail des juges, sa désinvolture à l'égard du tribunal en ne daignant assister aux débats qu'un jour sur cinq, les mutations du juge d'instruction et du procureur remplacés par des magistrats plus complaisants, puis, pendant le délibéré, la menace de se retirer de la vie politique s'il était condamné... ont abouti à des sanctions très lourdes : dix-huit mois de prison avec sursis et dix ans d'inéligibilité ; il a entraîné dans sa chute tous ses coprévenus. Il y a un an, prévoyant cette issue, j'avais fait une note pour mettre en garde ses amis.

31 janvier

Clairvaux

J'ai rendu visite aujourd'hui à Régis Schleicher, condamné à vie, en prison depuis vingt ans. L'homme est en parfaite santé intellectuelle, et bavarder avec lui est toujours un moment agréable. Pour rejoindre la prison de Clairvaux, où il est détenu, je dois traverser un paysage que d'autres trouveraient triste mais qui me plaît, une plaine neigeuse à perte de vue. Clairvaux est un lieu étrange. Une petite ville tranquille, aux bonheurs et aux soucis simples sans doute, cerne une immense prison, comme si la souffrance des détenus était étrangère aux habitants. Et que ce lieu de déréliction soit installé dans un monastère cistercien où, pendant des siècles, d'autres hommes consacraient leur vie à la prière, en augmente l'étrangeté. Schleicher me dit avec le sourire qu'il occupe la cellule de Blanqui, le révolutionnaire du XIXe siècle surnommé l'Enfermé. André Marty, le mutin de la mer Noire y a aussi séjourné. Ma dernière visite à Clairvaux avait été pour rendre visite à Anis Naccache qui commençait à faire une grève de la faim qui devait aboutir à sa libération.

1er février 2004

L'ange de Diên Biên Phû

Salon du livre de Choisy-le-Roi où je me rends chaque année. Public moins nombreux que d'habitude, mais organisation toujours aussi impeccable. Je ne sais pour quelle raison on m'a placé près de Geneviève de Galard, l'ange de Diên Biên Phû. Dame du monde, elle répond aimablement à mon salut. Il ne me reste plus qu'à comparer le public qui l'entoure : âgé, béret sur le côté et décorations sur la poitrine, et celui qui est le mien, plus jeune, plus mêlé. Un ancien cependant me demande de lui dédicacer un opuscule que je signai il y a près de cinquante ans, intitulé *Nuremberg pour l'Algérie*. Ayant assisté à l'un de nos meetings à la Mutualité, il se rappelle une phrase de mon discours, d'une étrange actualité aujourd'hui : « Ils ne comprennent que le canon de Diên Biên Phû. » A l'époque, les politiques, de droite comme de gauche, nous accusaient de mensonge et de provocation. Aujourd'hui, le général Aussaresses confirme nos dires. Un officier du 2e REP vient me parler de la Serbie et me félicite pour la défense de Milosevic. Le père J., curé de Choisy, m'assure qu'un jour je rencontrerai la grâce.

C'était aussi aujourd'hui l'Aïd el-Kébir.

2 février

Conférence à la faculté de droit d'Assas

Après-midi bien remplie. Après un déjeuner avec E. B. pour mettre au point un livre polémique d'entretiens concernant les trois grands procès internationaux où je serai présent – Milosevic à La Haye, Tarek Aziz en Irak peut-être, Khieu Samphan au Cambodge –, j'ai juste le temps de donner une interview à la *Suddeutsche Zeitung* sur ma vision du procès et de la justice en général. Le journaliste, cultivé comme on souhaiterait qu'il y en ait plus, me demande si j'aurais pu défendre Hitler. Je lui réponds qu'à condition de ne pas endosser ses délires je ne vois pas pourquoi je ne pourrais pas tenter de suivre pas à pas sa formation, puis sa marche vers la catastrophe, quand un Juif libre comme George Steiner peut imaginer, dans *Le Transport d'A. H.,* ce que Hitler pourrait dire pour se défendre. Ensuite, je me rends à l'Institut des études judiciaires, rue d'Assas, parler aux étudiants de la prétendue justice internationale.

4 février

Visite d'une délégation irakienne,

composée de juristes et comprenant l'ancien ministre de la Santé de Saddam Hussein (kurde et baassiste) venue s'informer sur la procédure engagée contre l'Etat français par le gouvernement de Saddam Hussein, à la suite de la vente à l'Irak de sang contaminé. Je les ai tenus au courant de la procédure devant la juridiction administrative et d'un rejet probable de notre demande, faute de tous les éléments de preuve exigés par la juridiction française. Et leur ai indiqué qu'une procédure directe de la firme importatrice contre l'Institut Mérieux était désormais notre seul recours possible. Il est envisagé que je me rende à Bagdad rencontrer les responsables de la question au sein de la commission gouvernementale nommée par les Américains. Malgré les réserves que je peux avoir contre ce pseudo-gouvernement, s'agissant de la poursuite d'une action entreprise par l'Etat légitime irakien d'hier, je n'y vois aucun inconvénient sauf à m'y rendre avec un gilet pare-balles.

5 février

Dîner de généraux ce soir,

bien différent du *Goûter des généraux* de Boris Vian. Il existe un conformisme de gauche pire que celui des cagots de la droite parce que plus hypocrite. Je vais indigner des gens qui furent un moment mes compagnons de route mais qui se trompaient à mon sujet. Cinq généraux ayant exercé des commandements dans l'océan Indien, en Afrique, en Yougoslavie, m'ont demandé de leur expliquer ma conception singulière de la profession et m'ont écouté, amusés, sans aucune indignation. Ils m'ont accueilli aussi comme un ancien parce que j'ai fait la guerre avant eux. Sur la Serbie, l'Irak, nos points de vue sont les mêmes. L'armée, dans une société qui n'a plus de valeurs, où Tartuffe règne, après la lamentable aventure algérienne, a recouvré les siennes. Révolutionnaire, peut-être – le mot me semble trop complaisant –, homme d'ordre sûrement et de tradition aussi, je ne peux que saluer un corps qui a conservé et rénové ses valeurs. J'ai aimé entendre l'un d'entre eux dire : entre les Etats-Unis et nous, il y a une différence de culture fondamentale.

6 février

Un procès est une partie d'échecs

La presse hebdomadaire est encore pleine des mésaventures de M. Juppé. Mme Catherine Nay, après avoir souligné la lourdeur de la peine, s'interroge : « Le président de l'UMP n'a peut-être pas mis toutes les chances de son côté. Beaucoup parmi ses proches n'ont pas compris son système de défense qui consistait à tout nier, jusqu'à l'évidence, et à boycotter les débats. » Niant tout, il ne lui restait plus comme espoir que l'annulation de la procédure pour vice de forme que lui avaient promise ses avocats. Espoir vain que je dénonçais en ces termes dans une note à ses amis, en 1999 : « Lorsque les conseillers de M. Juppé ont décidé de demander la nullité de la procédure pendante devant M. Desmures, ils ne m'ont pas consulté et se sont contentés de me conseiller de prendre le train en marche. Je m'y suis refusé car je pensais, contrairement à eux, que cette procédure était vouée à l'échec et qu'elle comportait donc inutilement les dangers suivants :

« — tendre les rapports avec le juge, la démarche proposée impliquant qu'il s'était grossièrement trompé ;

« — donner l'impression à l'opinion qu'on privilégiait le débat de forme pour éviter de s'expliquer sur le fond ;

« — enfin retarder le procès, ce qui aurait pour les politiques l'inconvénient, au cas où ils seraient condamnés, de voir cette condamnation interférer avec les prochaines élections. »

Et je concluais : la procédure pénale tient plus de la partie d'échecs que du poker. A ce jeu, ils ont perdu.

7 février

Obsèques d'un ami

J'ai assisté vendredi matin aux funérailles d'un ami cher et confrère, Marc Brossollet, qui fut secrétaire de la Conférence deux promotions avant la mienne. Son fils Luc et sa veuve Françoise, tous deux anciens secrétaires de la Conférence aussi, n'avaient pas souhaité la présence d'une délégation de l'ordre en robe. Pensant sans doute que la robe fait le moine, personne du conseil n'est venu ès qualités, mais la vieille garde était là, nombreuse, pour témoigner notre affection à Françoise et à Luc par-delà nos différences : Badinter côtoyait Biaggi du Front national et Wagner, avocat de Le Pen, voisinait avec moi.

J'y repense ce matin, et le souvenir de mes morts, dont la troupe ne cesse d'augmenter, me tient compagnie : Camillo Torres, Afana, Inal, Taï. Ils me murmurent les noms (que je tairai) d'amis vivants, en fuite ou enchaînés, et pour qui j'ai l'audace d'adapter ces vers d'Aragon :

Que ta plaidoirie soit dans les lieux sans amour
Où l'on trime où l'on saigne où l'on crève de froid
Comme un air murmuré qui rend les pieds moins lourds
Un café noir au point du jour
Un ami rencontré sur le chemin de croix

Pour qui plaider vraiment en vaudrait-il la peine
Si ce n'est pas pour ceux dont tu rêves souvent
Et dont le souvenir est comme un bruit de chaînes
La nuit s'éveillant dans tes veines
Et qui parle à ton cœur comme au voilier le vent ?

8 février

Souvenir d'Henry

Laissons les morts enterrer les morts, dit l'Evangile. Facile à dire. Mais les morts continuent à vivre, et, lorsque l'un d'entre eux nous rend visite, les autres suivent comme s'ils se donnaient le mot. Une amie proche d'Henry, très proche, quarante ans après sa mort, me demande de l'accompagner au colombarium où nous l'avons réduit en cendres. Fils de soyeux juifs morts à Auschwitz, très élégant et très laid, Henry faisait partie de notre collectif de défense du FLN. La guerre terminée, il eut du mal à vivre et il est parti un matin pour Amsterdam où il avait un rendez-vous, disait-il. Deux jours après, l'hôtelier appelait notre amie dont Henry avait griffonné l'adresse sur une feuille de papier laissée sur la table de nuit. Après avoir pris un puissant somnifère, il s'était couché dans sa baignoire où il est mort noyé. C'était l'hiver, il y a quarante ans. Avant de partir, il m'avait laissé sa pipe Dunhill en souvenir et je n'avais rien compris. Je l'ai gardée six ans puis l'ai donnée à un clochard avant de partir pour mes grandes vacances.

9 février

Une histoire américaine

Une Américaine m'apporte un dossier étonnant : son ex-mari, binational franco-américain, est arrêté hors des Etats-Unis sur un mandat d'arrêt américain pour trafic de marijuana et blanchiment. L'accusation est discutable. Il prend contact avec un des avocats les plus connus des Etats-Unis qui le renvoie à un de ses correspondants. Il pourrait s'opposer à son extradition ; les deux avocats lui conseillent de l'accepter, ce qu'il fait. Arrivé aux Etats-Unis, ils lui conseillent de plaider coupable, lui assurant une peine légère ; ce qu'il accepte. Ils lui conseillent d'indiquer au juge ses comptes en banque afin que ce dernier les saisisse. Il accepte. Les deux confrères obtiennent du juge que leurs honoraires sur les comptes saisis soient réservés : un million de dollars chacun. Ils l'obtiennent. Le confrère le moins connu obtient d'être séquestre des actions du prévenu sur une société importante. Il les brade, s'achète un yacht et un hôtel particulier. Il est radié. Et le client est condamné à cent vingt ans de prison et à cent millions de dollars d'amende. Que faire ? Ici commence le secret professionnel.

10 février

Un avocat n'est pas un agent verbalisateur

La télévision allemande ARD et la RAI italienne me demandent mon accord pour réaliser un film sur ma vie. C'est la première fois, je crois, que les médias s'intéressent à un avocat non pas à travers un procès, mais à sa vie tout entière. L'avocat est là pour donner un sens à un fait divers, pour faire du procès une création. Il doit se mettre aussi bien dans la peau d'un puritain que d'un débauché, d'un honnête homme que d'un escroc. Il doit être ivre de vivre. C'est la thèse que j'ai toujours défendue et je suis heureux qu'elle ait fait son chemin, qu'on s'intéresse à un avocat comme créateur comme on aime connaître la vie d'un auteur, Dostoïevski ou Mauriac, pour mieux comprendre son œuvre. Un avocat n'est pas comme un pharmacien, vendant des remèdes prescrits pour des maladies connues, ou un agent verbalisateur sanctionnant d'un

PV un excès de vitesse. Il est évident que le procès d'Antonin Berthet-Julien Sorel raconté par Stendhal est différent du roman que Balzac aurait pu écrire sur le même thème, ou Paul Bourget ou Martin du Gard.

11 février

Les médias ne sont pas là pour informer

Je reçois beaucoup d'appels à propos d'une émission d'Arlette Chabot, « Mots croisés » sur France 2, à laquelle j'ai participé avant-hier. Il s'agissait des rapports des politiques et des juges, implicitement du procès Juppé. Il y a été dit beaucoup de choses. Tapie a été percutant. Le juge Jean-Pierre, devenu avocat, très pondéré. Le procureur Davenas a regretté que le ministre ait envoyé un hélicoptère dans l'Himalaya pour le ramener à Créteil éteindre l'incendie que son substitut avait allumé en son absence. Il l'a regretté mais n'a pas pu nier que la chancellerie, à juste titre, faisait confiance à son talent de pompier. Arnaud Montebourg, emporté dans la discussion un peu anarchique, a dû condamner l'intervention de Jospin lors de l'affaire Urba et n'a pas eu l'occasion de prononcer le nom de Chirac qu'il était venu mettre en accusation. La seule intervention en droit fut de mon fait. Je démontrai que les accusations infamantes d'abus de biens sociaux et de prise illégale d'intérêts étaient elles-mêmes non avenues, la loi prévoyant un délit spécifique pour les infractions concernant le financement des partis. Mais ce débat, « trop technique » quoique central, a été écarté, par respect sans doute de l'ignorance des téléspectateurs. Les médias ne sont pas là pour informer mais pour amuser.

12 février

J'aime mon pays

Paris Match consacre aujourd'hui quatre pages à mon voyage à Pailin pour y rencontrer mon vieil ami Khieu Samphan, ancien président du Kampuchea démocratique, plus connu en Occident sous le vocable *Khmers rouges*, promis à un procès hypothétique auquel il entend ne pas se dérober. Depuis trois jours, presse et médias essayent d'intéresser l'opinion à nouveau au Cambodge et reprennent les accusations de génocide contre les Khmers rouges, en omettant l'agression américaine qui avait auparavant plongé le pays dans la guerre. L'auteur d'un *Shoah* à la cambodgienne explique dans *Le Monde* pourquoi il faut diffuser ce film au Cambodge avant le procès : « Il faut bien l'accompagner d'un travail pédagogique. Ce n'est pas parce qu'on a ajouté deux juges cambodgiens à la cour qu'il ira dans le sens que l'on souhaite. Voyez ce qui se passe avec Milosevic, il garde une légitimité en réveillant le sentiment national. C'est la même chose avec Khieu Samphan, il prépare déjà le procès à venir. Ce n'est pas la reconnaissance du génocide qui est importante dans la lettre qu'il a envoyée, ce sont les autres pages : "Je suis un révolutionnaire qui a toujours défendu les pauvres, j'aime mon pays, je suis un patriote." Et dans le contexte d'aujourd'hui, où les pauvres sont très pauvres et les riches peu nombreux, mais très riches, les pauvres vont finir par tendre l'oreille. »

Le même jour, *Libération* conclut son éditorial par cette constatation désabusée : « Symbole d'un pays qui n'arrive toujours pas à juger les plus criminels des Khmers rouges ? Ou sage qui s'acharne aujourd'hui encore à trouver dans chacun de ces monstres une parcelle d'humanité ? » Sagesse asiatique ou noblesse africaine de Nelson Mandela refusant de faire le procès des criminels blancs de l'apartheid... Ces valeurs-là sont aussi des valeurs françaises, si elles ne sont plus celles de notre microcosme.

13 février

Mon ami le général Gallois

Déjeuner au Fouquet's avec Kaspereit, ancien ministre, et le général Gallois, créateur de la force de frappe française mais surtout ancien des FAFL. Nous égrenons nos souvenirs d'octogénaires et nos espoirs. Gallois est le plus disert. Il se rappelle une scène, inoubliable en effet, dont il fut le témoin aux Etats-Unis : Kissinger giflant un balayeur noir qui ne s'était pas écarté assez vite devant lui. Evoquant la libération de deux otages français en Bosnie, il se souvient d'avoir obtenu leur libération par le général Mladic sans avoir à verser de rançon et s'étonne d'apprendre aujourd'hui qu'une somme importante a été ensuite virée sur un compte suisse anonyme pour une prétendue rançon dont on nous cache le bénéficiaire final.

Nous entrons dans une période de sauvagerie inouïe, où les armes les plus sophistiquées sont entre les mains de brutes. Nous avons hâte de voir émerger la puissance chinoise. Que l'orage éclate ! Je suis un pessimiste joyeux. Le mot nous fait rire tous les trois et nous rend notre jeunesse.

14 février

Paris hanté

Quand un vicomte rencontre un autre vicomte, qu'est-ce qu'ils se racontent? Des histoires de vicomtes, dit la chanson de Maurice Chevalier. C'est que l'horizon de beaucoup est barré par leur milieu social. Ce n'est pas le cas à Paris, parce que c'est une ville à la fois aristocratique et populaire, cynique et fleur bleue. Je circule cet après-midi dans les couloirs du Palais de justice : couloir de l'ordre, couloir des juges d'instruction ou des chambres correctionnelles. Les fantômes du maréchal de Champagne, égorgé sur ordre d'Etienne Marcel sur les marches du palais, ceux de Marie-Antoinette ou de Robespierre cèdent la place à des fantômes d'amoureux, spécialement d'amoureuses : notre consœur Marcelle Huet-Weill qui se tua d'une balle au cœur dans le bureau du bâtonnier Carpentier en 1938... Ses amis disent d'elle qu'elle était neurasthénique, mais qu'est-ce que la neurasthénie sinon un besoin d'amour insatisfait ? Il y a heureusement au Palais d'autres amoureuses, comblées et tragiques à la fois. En 1972, le juge interroge Georges Ségard et son complice Christian Jubin, détenus, ainsi qu'Evelyne, la femme de Ségard, prévenue libre qui est venue avec un pistolet dans son sac. Il suffit à Jubin d'y plonger la main pour saisir l'arme, prendre en otages les trois policiers, le juge et son greffier, et de s'évader avec le couple d'amoureux. Trois ans plus tard, c'est Martine Willoquet, déguisée en avocate, qui s'écrie en pleine audience : « Que personne ne bouge, j'ai une grenade dégoupillée ! A la moindre résistance, je fais sauter la salle ! » Un gendarme se laisse désarmer et le couple Willoquet s'enfuit, emmenant avec eux le président et le substitut qu'ils abandonnent dans un parking. J'admire le courage, celui du chevalier d'Assas comme celui de Mme Willoquet.

15 février

Une lettre en provenance de Damas réveille de vieux souvenirs :

« Cher ami,

« Ce petit mot vous causera la surprise. L'auteur a participé à la réunion du comité exécutif de l'Union internationale des étudiants, tenue à Pékin en 1951. Nous nous sommes donc trouvés ensemble. Vous trouverez dans l'enveloppe des doubles de photos (très mal reproduites) que j'ai gardées soigneusement durant des années. A présent, je suis professionnellement à la retraite. J'essaie de rédiger mes souvenirs, et à ce titre, je relaterai cette rencontre et notre tournée en Chine, qui ont constitué une séquence marquante de ma vie. Je suis intéressé à savoir où en sont à présent les participants de cette rencontre. Dans quelle mesure sont-ils restés fidèles à leurs engagements ? Tout ceci très, très succinctement. Je ne me souviens pas des noms sauf de quelques-uns. Pourriez-vous m'aider à retrouver les noms, leurs lieux actuels (s'ils sont vivants) et surtout pourriez-vous brosser très brièvement le sort de ceux qui sont connus, si uniquement vous considérez cela opportun ou convenable. »

16 février

Un procès de sorcières

Le général Morillon, témoignant devant la commission d'information de l'Assemblée nationale sur le massacre de Srebrenica, affirmait :

1. Que le président Milosevic, contacté par lui, lui avait promis d'intervenir auprès du général Mladic pour qu'il n'attaque pas la ville ;
2. Que le général Mladic le lui avait promis également et qu'il était le seul officier à avoir une parole ;
3. Que la chute de Srebrenica et le massacre qui s'ensuivit était le résultat d'un piège tendu par les autorités bosniaques.

Depuis, le général Morillon est devenu politicien et député européen. Entendu comme témoin de l'accusation devant le TPIY, il doit reconnaître, à la demande de Milosevic, les massacres des populations serbes commis par la garnison bosniaque de Srebrenica. A la question du tribunal :

« Dites-vous que les événements de 1995 découlaient de ces faits ? » il répond : « Oui, oui, Votre Honneur, j'en suis persuadé. Mladic était devenu un chien enragé échappant au contrôle de Milosevic. » Que reste-t-il alors de la responsabilité de Milosevic dans le massacre ? « D'avoir réveillé le démon des terreurs ancestrales », déclare le député.

Nous sommes passés d'un procès qui se voulait ordinaire à un procès de sorcières.

17 février

Une lettre de France

Une lettre avec une enveloppe timbrée pour la réponse. Seuls les pauvres ont cette délicatesse. C'est un pauvre, en effet, qui m'appelle au secours :

« J'ai eu un accident de la route et là, ma vie a basculé et les ennuis ont commencé. J'ai été invalidé à 80% puis j'ai été mis sous tutelle. Ma tutrice, Mme... a été emprisonnée car elle volait les gens dans ma situation. Puis ensuite j'ai été placé sous curatelle 512 renforcée, et c'est Mme... qui a pris la relève. Ce qui n'est pas mieux. Ma mère possédait une maison en banlieue, puis elle l'a vendue. Elle est venue vivre avec moi il y a quatre ans. Elle m'a donné 10 millions (il s'agit sans doute d'anciens francs) et Mme... me les a placés. Elle ne veut pas me dire où. J'ai quand même le droit de savoir. Où est la liberté ? Je perçois 180 euros tous les quinze jours (le mercredi) et la dernière fois, je lui ai demandé de me donner plus pour m'acheter un pantalon d'hiver (car je n'en ai qu'un et il est d'été), une paire de chaussures (car les miennes prennent l'eau) puis le changement de ma carte de bus car elle est périmée. Elle m'a tout refusé en prétextant que j'avais des frais. J'aimerais que vous me veniez en aide, que vous me conseilliez, car j'ai besoin de me savoir protégé et je compte beaucoup sur votre aide. Je vous envoie avec cette lettre une enveloppe timbrée et adressée chez moi. »

18 février

Un dossier de 160 000 pages

Je reçois aujourd'hui l'ordonnance de renvoi du juge Riberolles dans l'affaire des lycées d'Ile-de-France : 270 pages synthétisant un dossier de 160 000 pages. Selon le juge, il y aurait eu pour « l'obtention » des marchés de construction ou de rénovation, une fraude à trois niveaux :

A – une entente entre les sociétés pour éviter la concurrence et maintenir des prix élevés ;

B – la condition mise par les dirigeants de la région à la signature des contrats, à savoir le versement d'une commission de 2 % sur les marchés ;

C – une entente aurait existé entre le RPR, le PR et le PS avec une clé de répartition des commissions : 1,2 % pour le RPR et le PR, et 0,8 % pour le PS.

Dans ce dossier, des responsables ont reconnu les faits, d'autres contesté la régularité de la procédure. Pour ce qui est de ma cliente, Mme Casetta, comme dans l'affaire des emplois fictifs, elle reconnaît son rôle d'exécutante de bonne foi. J'ai, à côté de mes autres dossiers, dix mois pour dépouiller celui-là avant le procès, prévu pour le début de l'année prochaine. Mal géré par les politiques, ce procès peut amener à une grave crise de régime.

19 février

Un collectif de défense pour Milosevic

Nous déjeunons chez Lipp ce midi, Tiphaine, avocate venue de Montréal, Vladimir, diplomate en disponibilité venu de Belgrade, et moi. Notre réunion de ce matin a eu pour but de renforcer la défense de Milosevic. Jusqu'à ce jour, il se bat seul devant le tribunal, et les confrères serbes, admirables de dévouement et de modestie, lui fournissent en coulisses arguments de droit et de faits. L'arrivée de Tiphaine, formée à la *common law*, la procédure anglo-saxonne qui prévaut au tribunal, permettra de découvrir de nouveaux moyens juridiques contre l'accusation. Elle rendra aussi plus facile, en liaison avec moi, un plein usage des médias. Les camarades serbes vivent dans un autre monde et ne voient que le mauvais côté des médias, perçus comme se trouvant dans les mains d'un establishment qui est notre ennemi. Mais nous vivons aussi dans une économie de marché où non pas l'idéal, mais l'argent, est roi. Une interview ou une déclaration de nous, scandaleuse même, peut gonfler l'audience et donc les tarifs de publicité. Les chaînes se disputent notre exclusivité. A nous de créer l'événement qui appellera notre explication.

20 février

Déjeuner avec un ancien prisonnier des Khmers rouges

Je déjeune aujourd'hui à la Closerie des Lilas avec François Bizot, qui fut prisonnier des Khmers rouges. La distance douloureuse qu'il éprouve en rappelant ce qu'il a vécu est émouvante. Cela change tellement des exhibitionnistes de la douleur ! Nous évoquons le film de mon voyage et de ma rencontre avec Khieu Samphan et le discours satisfait du directeur grassouillet du musée de l'horreur, le lieu de torture des Khmers rouges. Ses attaques contre Khieu, particulièrement haineuses – mort vivant, le monde entier est contre lui –, ont blessé une amie parisienne de Khieu Samphan. En revanche, elles ne me dérangent pas : en dépit de sa haine, le directeur du musée dit admettre que Khieu Samphan n'a pas donné d'ordres. Le seul grief qu'il évoque contre notre ami est qu'« il ne pouvait pas ne pas savoir ». Nous savons qu'il pouvait « ne pas savoir », mais quand cela serait, cela engage sa responsabilité morale ou politique, pas sa responsabilité pénale ; la complicité implique un acte positif qui ici fait défaut. Une instruction judiciaire normale aurait abouti à un non-lieu.

21 février

L'humanitaire et le travail forcé

Au temps de mes études, à la fin des années 40 et dans la première moitié des années 50, nous célébrions chaque année le 21 février, journée anticolonialiste, en souvenir de la révolte de la flotte indienne en 1946. Chaque année, dans la cour de la Sorbonne ou de l'Ecole de médecine, venus du Maghreb, d'Afrique noire, de Madagascar, d'Indochine, des DOM, nous célébrions cette journée, drapeaux du Vietnam brandis, d'où nous revenions, couverts d'ecchymoses, entre des policiers du commissariat du 5e. Aujourd'hui, je n'en entends plus parler. Le colonialisme, sur place, a changé de serviteurs, le gouverneur est remplacé par le collabo et, quand l'Occident intervient militairement, c'est au nom des Droits de l'homme et de l'ingérence humanitaire. Celle-ci est un créneau juteux. Quand l'entreprise pétrolière Total est accusée par des humanitaires de bénéficier du travail forcé en Birmanie, il y a un autre humanitaire prêt à certifier contre rétribution que cela n'est pas vrai. Tartuffe remplace les chiens de guerre. A nous d'imaginer contre lui d'autres formes de lutte.

22 février

Du pain pour mes morts

Chaque hiver, dans Paris pollué, ma vieille allergie se réveille et ne prend plus la forme d'asthme mais d'une bronchite. J'ai eu le tort, pris par ma passion, de la négliger. Aujourd'hui le médecin m'impose le repos. Et mes fantômes familiers reviennent me hanter.

Le corbeau posé au bord du toit d'en face
Ne me quitte pas des yeux
Pour ne pas rompre le fil mortel de nos regards
Et ne voit pas dans la cour pavée
Mon ombre emporter les mots
Que j'ai déposés
Comme on laisse avant de partir
Du pain pour ses morts.

23 février

L'âme du vin

Un représentant de la confrérie du Guillon, où j'ai été admis lors d'une cérémonie au château de Chillon, près de Montreux, me demande pourquoi j'ai accepté d'en faire partie. C'est que j'ai le sens de l'histoire. Les mots « vin » et « vigne » pourraient être venus au latin non par l'indo-européen, mais par une de ces langues inconnues du pourtour méditerranéen, enveloppées de mystère. Enigmatiques comme les masques des Cyclades. C'est ensuite que leur extension en Europe est liée à l'essor du christianisme. Ceci est mon sang, a dit le Christ. Et cette extension du christianisme est liée à celle de l'Empire romain. Que la robe soit grenat, rubis ou pourpre, que les reflets soient violacés ou teintés, que les notes soient de myrtilles, de groseilles ou de cassis ou de fruits confits, pruneaux ou figues, ou de vanille, ou de pain d'épices, ou qu'elles soient florales et légères, longues en bouche ou fruitées, l'âme du vin m'est familière, évoquant le travail et la joie comme un tableau de Cézanne.

24 février

L'humaniste et ses chiens

Une dame cultivée (par définition), dans un éditorial à France-Culture, s'indignait de voir que Khieu Samphan était un homme ordinaire, vivant comme un homme ordinaire, heureux comme tout le monde de partager un repas avec un vieil ami. Pour les défenseurs des Droits de l'homme et de la femme, un accusé présumé innocent n'a le choix qu'entre deux attitudes : se comporter comme un repenti et s'autoflageller, ou blasphémer ; d'une manière ou d'une autre, se comporter en coupable. L'humanisme a ses chiens. Dans la prison de Scheveningen, en Hollande, Milosevic n'a pas droit au traitement ordinaire d'un prisonnier : des espions du tribunal assistent à ses entretiens avec sa famille ; les médecins qui l'examinent n'ont pas le droit de lui faire part de leur diagnostic car il leur est interdit de rendre publiques leurs constatations ; un micro enregistre ses conversations avec ses avocats, une caméra est installée dans sa cellule éclairée jour et nuit. Hudson Lowe, qui fut le gardien vindicatif et mesquin de Napoléon à Sainte-Hélène, serait aujourd'hui honoré et présiderait une association de défense des Droits de l'homme, tout comme l'avocat indigné de Ceaucescu qui réclamait la mort pour son client. Adieu, Torquemada, le crime judiciaire aujourd'hui a ses médiocres.

25 février

Les auditeurs méritent mieux

A un débat récent à la télévision sur le procès Juppé, fuyant le schématisme des débats grand public (les juges en veulent-ils aux politiques ou inversement sont-ils trop soumis ?), j'avais avancé un argument de droit tendant à prouver que le procès avait été engagé sur une incrimination inexacte. Partant du principe sans doute que le téléspectateur est un crétin à qui on ne peut demander un effort intellectuel trop grand, l'animateur avait coupé court. Une téléspectatrice m'écrit à ce sujet :

« Cher maître,

« Veuillez bien pardonner mon audace : celle de vous prier de me donner l'explication que vous étiez prêt à nous " révéler " lors de l'émission de référence. On vous a coupé la parole au moment où vous parliez des articles de cette loi et – si ma mémoire de 77 ans est encore bonne – insistiez sur le troisième de ces articles qui n'avait pas l'air d'emporter votre adhésion de pénaliste reconnu et admiré. Je comprendrais très bien que vous ne puissiez pas prendre le temps de me répondre. Je tente quand même ma chance (bien qu'elle ne m'accompagne pas dans la vie, tant s'en faut) et, de toute façon, vous remercie d'avoir pris le temps de me lire. »

26 février

Les faux souvenirs

J'ai aperçu aujourd'hui dans un restaurant une femme encore belle, très blonde, aux yeux bleus, que j'avais connue au moment du procès Barbie, il y a près de vingt ans. Née en 1942, elle était persuadée d'être non la fille de son père légal, un riche industriel de la banlieue parisienne, mais d'un officier SS qu'elle était capable de décrire bien qu'elle n'eût que deux ans lorsqu'il dut quitter la France. L'affaire Barbie, me disait-elle, avait réveillé son désir de le retrouver bien qu'elle ignorât son nom et son unité.

« Mais vos parents, lui dis-je, d'après ce que vous me dites, connaissaient cet homme. Ils pourraient vous permettre de retrouver sa trace.

— Ils ne le veulent pas, précisément », me répondit-elle avec agacement.

Je demandai à une amie, spécialiste de la mémoire, ce qu'elle en pensait :

« Les souvenirs de cette personne, me dit-elle, sont trop précis pour être vrais. Ce sont de faux souvenirs que quelqu'un a implantés en elle en les accompagnant de détails concernant le toucher, le goût, l'odorat, l'ouïe, qui nourrissent les souvenirs vrais mais aussi les faux. Peut-être était-ce ce quelqu'un qui vous l'a présentée.

— J'en suis sûr maintenant, lui dis-je.

— Heureusement, me dit-elle, qu'il ne l'a pas convaincue d'avoir été victime d'attouchements. Les magistrats l'auraient crue. »

27 février

Le temps des flics

Un confrère porte plainte contre moi auprès du bâtonnier pour avoir déclaré : « Nous savons très bien que les Khmers rouges étaient des types propres, désintéressés, idéalistes. Prêts à sacrifier leur vie. On peut critiquer certaines de leurs actions mais on ne peut pas les traiter comme une armée de soudards, violant, pillant et s'enrichissant. » Selon lui, « l'affirmation selon laquelle les Khmers rouges sont des types propres constitue une violation des principes d'humanité, de délicatesse et de modération » et, toujours selon lui, « rester passifs aux provocations de ce dernier [moi] reviendrait à insulter la mémoire des milliers d'enfants – pour ne citer qu'eux – victimes du régime des Khmers rouges ». Qu'un jeune avocat, membre d'un barreau qui a compté dans ses rangs Berryer et Gambetta, Labori et Moro-Giafferi, Garçon et Isorni, puisse se comporter ainsi en pâle délateur et en Tartuffe, révèle la pollution morale d'une partie de la société aujourd'hui.

28 février

Un tribunal sous contrôle

Dans le cadre de la nouvelle organisation du travail de la défense du président Milosevic, des informations me parviennent sur le fonctionnement aberrant du TPIY, illustré par les conditions du témoignage du général US Wesley Clark :

« S'il existait le moindre doute sur la nature politique du Tribunal pénal international pour l'ex-Yougoslavie, celui-ci est levé depuis que le gouvernement américain a imposé ses exigences quant aux conditions du témoignage du général Wesley Clark (candidat à la présidence) dans le cadre du procès de M. Milosevic – le général doit témoigner dans le procès intenté à M. Milosevic les 15 et 16 décembre prochains. Le gouvernement américain a obtenu que la séance se déroule à huis clos, en l'absence du public et de la presse ; de plus, il a exigé un report de quarante-huit heures avant la diffusion des déclarations du général par la presse. Ce délai devrait permettre aux Américains de " revoir la transcription des déclarations de Wesley Clark afin de demander des modifications si la protection des " intérêts nationaux " des Etats-Unis l'exige. Cette situation provoque déjà un retard supplémentaire étant donné que le tribunal doit examiner la requête américaine de censure au regard du concept juridiquement flou des " intérêts nationaux ".

Le TPIY a déjà accepté que sept paragraphes du témoignage complet de M. Clark (dont M. Milosevic n'a pu prendre connaissance jusqu'ici et dont seule une partie a été remise aux juges) soient supprimés du texte porté à la connaissance du public. Le gouvernement américain, qui a également obtenu que deux de ses représentants soient présents lors du témoignage du général Clark – alors que le public, lui, n'est pas autorisé à être représenté – pourrait, de plus, demander que certains événements ne soient traités qu'à huis clos. En d'autres termes, alors que Wesley Clark – une figure publique, candidat à la présidence des Etats-Unis, ancien commandant en chef des troupes de l'OTAN pendant les bombardements de la Yougoslavie – témoignera au procès de Slobodan Milosevic (le procès du siècle), le public et les médias seront exclus. Pendant quarante-huit heures, le monde entier attendra que le gouvernement américain décide ce qu'il estime pouvoir confier aux médias pour la diffusion et ce qui doit être gardé secret au nom des " intérêts nationaux ". Lors de l'invasion de l'Irak, les journalistes autorisés à accompagner les troupes américaines avaient pu diffuser leurs reportages dans des délais acceptables.

Sur quelle base, d'abord, le tribunal décidera-t-il ou non d'accepter la requête des Américains de censurer l'information ? Le concept “ d'intérêts nationaux ” n'est-il pas une notion subjective, politique, dont l'application est proche de l'impossible ? Un gouvernement étranger – l'unique superpuissance – impose ses conditions pour laisser témoigner un général en retraite contre l'ancien président d'un pays bombardé par des militaires placés sous les ordres du témoin. Les exigences accompagnant ce témoignage violent les règles internationalement reconnues des procès publics. Elles violent également les droits de l'accusé, des médias et du public. Qu'une cour de justice – encore moins un tribunal international constitué justement pour défendre les droits de l'homme et mettre fin à la culture de l'impunité – accepte de se plier à des exigences aussi inacceptables est impensable, à moins que ce procès ne soit une affaire politique, ne relevant pas de la justice. »

29 février

Le châteaubriant Mirabeau

Mon confrère N., originaire d'Aix, m'a invité à déjeuner aujourd'hui et offert, malgré ma prévention contre la « vache folle », un châteaubriant à la Mirabeau. Une tendre viande grillée garnie d'olives, de filets d'anchois et d'estragon. Dans quel autre pays au monde trouverait-on ainsi, associés à une recette, les noms d'un écrivain et d'un homme politique de première importance ? Malgré lord Sandwich, aucun. En France, les recettes de cuisine sont associées aussi bien à la beauté des femmes (perdreau truffé à la Belle Otero, œufs de vanneau à la Du Barry) qu'à la gloire des batailles, que ce soit le ragoût de mouton navarin aux légumes printaniers, ou le poulet Marengo, qui inclinait Léon Daudet, tout royaliste qu'il fût, à une certaine indulgence pour Napoléon : « Coppée au fond était impérialiste... Je lui concédais volontiers Austerlitz, en l'honneur du Soleil de Marengo, en souvenir d'un poulet. » Et il écrivait cela en 1915.

1er mars 2004

Qui paye les juges internationaux ?

Déjeuner aujourd'hui chez Lipp avec le général Gallois, Kaspereit, et Yves Bonnet, ancien préfet, ancien patron de la DST, pour préparer la deuxième phase du procès Milosevic. Chacun de nous doit prendre contact avec tous ceux qui, informés des événements de Yougoslavie, pourraient témoigner en faveur de Milosevic. En attendant, nous nous sommes mis d'accord pour signer ensemble une lettre ouverte à Mme Del Ponte, procureur au TPIY, dans laquelle nous lui demandons pourquoi elle s'est inclinée devant le diktat américain exigeant que le témoignage du général Wesley Clark d'abord ait lieu à huis clos, ensuite ne soit pas rendu public sans le visa du gouvernement des Etats-Unis. Nous lui demandons également comment elle peut accepter d'être payée partiellement par M. Soros, condamné par le TGI de Paris pour délit d'initiés, et dont les sentiments antiserbes sont aussi connus que sa chance à la Bourse.

2 mars

La vie rêvée

Cette nuit, j'ai rêvé que je rêvais. Je dormais quand j'ai senti une présence auprès de mon lit. Me réveillant (dans mon rêve), j'ai vu une blatte de taille humaine debout, qui me fixait de ses yeux minuscules. Je me retrouvai debout, une matraque à la main, et lui en portais un coup violent à la tête lorsqu'elle murmura d'un ton de reproche mon prénom : Jacques... Ne voulant pas la frapper à nouveau, mais désireux de fuir son contact, je sortis de ma chambre et me retrouvai sur une plage où le vent, le sel, la mer semblaient prendre soin de moi pour me laver de mes souvenirs et me faire naître à une vie nouvelle. Une voix chuchota : *Vita nuova.*

3 mars

Les gaullistes de gauche

Dans le livre de souvenirs sur son père que publie Philippe de Gaulle, je suis heureux de constater, à propos de la torture en Algérie, que le Général avait cité à son fils trois noms parmi ceux qui la dénonçaient : le général Pâris de Bollardière, le colonel Barberot et moi-même, tous trois anciens de la France libre. Rien ne pouvait me mettre de meilleure humeur en me rendant ce soir au repas que m'offrent les gaullistes de gauche. Soixante personnes : petits patrons, professions libérales, enseignants, ceux que des esprits distingués appellent des « franchouillards », mais qui pourraient leur donner des leçons de liberté d'esprit et d'humour. Jugez-en d'après ma présentation par le président de l'association : « Je suis convaincu que l'art de la provocation ciblée, que vous pratiquez avec un si certain talent qu'il agace nos pseudo-intellectuels, les vaches dagornes politiciennes et plus généralement tous les gens à courte vue, les journalistes en premier, est en réalité une incitation à la réflexion et un défi permanent au déclin de la pensée contemporaine. » Et ce trait final : « ... Cela m'a fait dire, il y a quelque temps déjà, que si vous aviez défendu Jésus, le Christ n'eût sans doute pas été condamné. »

Pour ma part, j'ai, au cours de la conférence où j'étais invité ce soir, dénoncé le pétainisme triomphant, qu'il soit de droite et surtout de gauche, en l'occurrence la soumission devant l'empire, provisoirement le plus fort.

4 mars

On peut abattre les monstres sans se prendre pour des anges

Un quotidien porte en manchette sur sa première page : « Dutroux le psychopathe, un criminel sexuel hors norme. » Déclarer fou un assassin odieux, c'est, en l'excluant de la norme, éviter de se poser la question de son actualité. Sade, de son vivant, fut déclaré fou avant d'être célébré deux siècles plus tard. Jusqu'à ce jour, l'humiliation, la torture et la mise à mort des enfants se faisaient dans de lointaines contrées, ne laissant comme traces que des films pour amateurs. La seule nouveauté est que cela se passe aujourd'hui dans la capitale de l'Union européenne. Combien plus lucide est Jouhandeau écrivant : « Il me semble qu'au regard de Dieu, chaque homme vivant participe à tout le bien et à tout le mal dont notre espèce est comptable à chaque instant. » Les monstres aussi sont, selon Montaigne, des créatures de Dieu : « Ceux que nous appelons monstres ne le sont pas à Dieu qui voit l'infinité des formes qu'il a créées. » Ce qui ne veut pas dire qu'il ne faille pas parfois abattre les monstres, mais pour cela il n'est pas nécessaire de nous prendre pour des anges.

5 mars

C'est aujourd'hui mon anniversaire et, depuis hier, les repas que m'offrent tour à tour des amis, des parents, des collaborateurs, se succèdent. Mais si je suis né officiellement le 5 mars 1925 à Oubone, en Thaïlande, une rumeur me fait naître un an plus tôt à Savanaket, au Laos, le 20 avril 1924. Un anniversaire que je célébrerai aussi. En apprenant il y a peu cette nouvelle, je me suis étonné que mon père, homme méticuleux, ait pu négliger de me déclarer pendant onze mois. Une seule explication si cela est vrai : sa première femme étant morte en 1923, je serais un enfant adultérin, vrai enfant de l'amour, mais sans droits à cette époque. Et mon père a attendu la naissance de mon frère pour nous déclarer jumeaux, résolvant ainsi de la manière la plus simple la difficulté. Ce qui lui ressemble aussi : oser le plus simple. Et toute la famille, en tout cas les deux enfants du premier lit, aurait gardé le secret, ce qui m'étonne un peu. De la part de mon père, non. Il avait le sens du secret et la pudeur de ses sentiments, d'autant plus grands qu'ils étaient plus forts. Et je ne l'imagine pas nous disant : j'ai adoré votre mère.

6 mars

Encore un cri de désespoir

Dans le courrier de ce matin, je trouve cette lettre :

« Actuellement, je suis père d'une petite fille de quatre mois. La mère de cet enfant, mon amie depuis trois ans, va avoir dix-huit ans le 17 mais 2004. Elle est actuellement confier dans un foyer a la suite de deux fugues du foyer parentale. Mais voilà le foyer ne veux plus que je vois ma fille, et depuis peut mon amie aussi. Ma fille je ne l'ai pas vu depuis trois mois, a la naissance elle a était retirer de la chambre de la mère a la maternité, nous avons demandez pourquoi cela encore sans réponse. Suite a cela catastrophe sur catastrophe, le foyer ment à mon encontre, et ne veux plus que je parle à mon amie, je ne l'ai pas vu depuis plus une semaine maintenant. Madame le juge pour enfant, nous à entendue le onze décembre 2003, moi et mon amie, pour décider si la petite devait être placer ou pas. Le juge a était très désagréable avec nous deux. Elle me reprochait les jours de mes droits de visite de m'occuper trop de ma fille, et que cela évincer la mère pendant ce temps la. que j'étais instable dans mes choix, dire geste Pendant les jours de visite je ne faisais que de m'occuper de ma fille comme n'importe quel père le ferais. Alors a la suite de cela j'ai était interdît, d'aller voir ma fille sauf sur rendez vous et visite médiatiser. Je n'ai jamais pris ces droits de visite parce que je pense ne pas mériter cela, et sans doute par caractère de ne pas me soumettre à une justice pour ce qui me concerne horrible. J'aime mon enfant ces dure pour moi, car maintenant même si je changeais d'avis, je n'ai plus le droit à ces fameuse visite médiatiser, j'ai reçu des courriers me confirmant que j'étais instable, me confirmant que la petite était placer. Mais rien qui puisse me dire qu'elle erreur j'ai bien pu faire pour mériter cela.

« PS : beaucoup disent que vous êtes l'avocat du diable, et vous, vous répondez (si cela est exact) que vous le défendriez bénévolement. Alors si vous pouviez me faire la même faveur, je vous en serai éternellement reconnaissant. »

N'est-ce pas l'illustration du tragique d'aujourd'hui, qui n'est ni celui de Sophocle, ni celui de Corneille, mais celui de Beckett : « Tout ici est faute, on ne sait pas pourquoi, on ne sait pas de quoi, on ne sait pas envers qui... » ? (*L'Innommable.*)

7 mars

Khieu et Sophocle, Georges Ibrahim et Corneille

Je repense au courrier d'hier et aux aspects de la tragédie aujourd'hui en Occident. Les personnages de la tragédie grecque, les héros des tragédies du grand siècle, ont émigré. Au Cambodge, Khieu Samphan, masque des Khmers rouges pour les pays de mission, appartient à Sophocle. Lui aussi est une conscience déchirée au carrefour de deux aspirations contraires : un rêve de bonheur universel et l'exigence de l'action. Il croit agir. Il est agi. C'est ce qui fait de lui une énigme pour ses visiteurs qui veulent comprendre comment on peut être à la fois lucide et aveugle, innocent et coupable. Dans le cas de Georges Ibrahim Abdallah, nous quittons Athènes pour la France du Grand Siècle. Ici, un homme, sommé tout à coup de choisir entre un idéal et son bonheur, choisit son idéal, accepte à son procès de se taire, au risque de la prison à vie, parce qu'il estime le silence seul compatible avec ses positions politiques et, en prison, refuse de se renier, au prix de sa liberté et du bonheur calme qui fut le sien. Et tire de ce sacrifice une sérénité qui ressemble aussi au bonheur.

8 mars

Visite ce matin au général Eyadema, de passage à Paris, en sa résidence, boulevard Maréchal-Maunoury. Un confrère parisien, un confrère togolais, deux confrères espagnols, son conseiller juridique et moi-même débattons en sa présence du sort d'une procédure engagée en Espagne par l'Etat togolais contre une banque espagnole. La banque a été condamnée en appel, mais la Cour suprême a cassé l'arrêt et l'affaire est portée maintenant devant la cour constitutionnelle. L'intérêt de l'Etat espagnol est évidemment de voir confirmée la décision de la Cour suprême, le contraire devant aboutir à un scandale. Les magistrats sauront-ils échapper à la pression du pouvoir ? Oui, assurent mes confrères. Dieu les entende ! D'autant plus que la querelle qui oppose le gouvernement espagnol au gouvernement français, tant à propos de l'Irak que de la Constitution européenne, a eu une conséquence inattendue, concernant le Togo : l'Espagne est le seul pays à s'opposer, dans l'Union européenne, à la reprise de l'aide au Togo.

9 mars

Election au Palais

Election partielle aujourd'hui au Palais, pour remplacer un membre démissionnaire du conseil de l'ordre. Beaucoup de visages inconnus dans les couloirs. Nous sommes près de vingt mille inscrits. Il y a cinquante ans, nous n'étions que trois mille et le palais était un village. Assis sur des bancs, galerie de Harlay, des vieux nous hélaient pour nous féliciter ou nous morigéner. A la buvette, des piliers de café fumaient la pipe en commentant la vie du Palais. Aujourd'hui, les multinationales emploient des centaines de confrères, devenus salariés, et le jour n'est pas loin où elles imposeront à notre tête un des leurs, peut-être même anglais. Cependant, l'utilité, et donc la nécessité de l'ordre, demeure. Certes, le plus souvent, le conformisme y règne, doublé d'opportunisme à l'égard du pouvoir représenté par les procureurs. Mais avocats, ses membres doivent tenir compte des exigences de la profession, de ses traditions, spécialement de lutte, et le font mieux que ne le feraient des commissions mixtes procureurs-avocats, comme c'est le cas dans d'autres barreaux européens.

10 mars

Débats à Metz

Trois heures de train jusqu'à Metz ; sept heures de débats : radio diocésaine, France 3, RTL, conférence à la fac de droit, à la FNAC, Club de la presse. Serais-je devenu un notable ? A la fac comme à la FNAC, les intervenants sont timides, et je devine qu'ils restent sur leur faim après mes réponses. La question est toujours la même : comment peut-on défendre l'indéfendable ? Comme si le démon du lynchage habitait le cœur des plus purs. Un journaliste, au Club de la presse, s'étonne que Khieu Samphan ne plaide pas coupable. Je lui demande s'il pense que le président Coty aurait dû plaider coupable pour les exploits du commandant Aussaresses. Une femme, à la FNAC, me demande si je la reconnais, et c'est seulement à cette minute que je le fais. Nous nous sommes perdus de vue depuis vingt ans, elle avait alors vingt-cinq ans, et voilà. On s'amusait comme des gamins. Aujourd'hui elle est mère de famille. Je regrette de ne pouvoir visiter à nouveau la cathédrale Saint-Etienne où les siècles ont laissé chacun sa trace, mais je rapporte de ces rencontres une recette imprévue en pays mosellan : le médaillon de chevreuil au gratin de chouchous et au miel de sésame.

11 mars

Qui a tué le président Habyarimana ?

Je reçois la visite de Mme Habyarimana, la veuve du président rwandais tué dans un attentat contre son avion. Lui seul pouvait empêcher les massacres inter-ethniques qui ont fait des centaines de milliers de morts, tant tutsis que hutus. Il apparaît aujourd'hui de l'enquête du juge Bruguière que l'attentat a été commis par des militaires tutsis sur les ordres de leur chef Paul Kagame, officier formé aux USA. Ceux-ci savaient que les premières victimes seraient leurs frères de l'intérieur, mais ils l'ont accepté comme prix de la prise du pouvoir. Le tribunal permanent international pour le Rwanda s'est refusé jusqu'à ce jour à enquêter sur cet attentat. Bien plus, le secrétariat général de l'ONU, qui détient la boîte noire de l'avion, a refusé de la confier à la justice. La mission de ce tribunal, de toute évidence, n'est pas d'établir la vérité mais de justifier le combat du vainqueur, serviteur de l'axe du bien, en diabolisant le vaincu. Dernier détail sordide : l'assurance sur la vie du président Habyarimana a été versée au gouvernement de M. Kagame, son ennemi, et non à sa veuve ni à ses enfants.

12 mars

Encore l'affaire Juppé

Un ami du RPR me demande mon avis sur l'affaire Juppé. Je le lui donne par écrit : « Dans cette affaire, la défense des politiques, et spécialement celle de M. Juppé, a joué et réussi à se faire peur et donné l'impression de nier l'évidence, alors qu'il ne s'agissait pas d'une affaire Urba, mais d'une trentaine d'emplois fictifs, dons indirects des entreprises, dont l'illégalité n'était pas évidente au moment où ces emplois ont été créés. A partir de 1993, M. Juppé a donné des directives pour y mettre fin et certains emplois ont été régularisés. La faute de M. Juppé et des trésoriers est de n'y avoir pas apporté une attention soutenue. Leurs activités politiques, importantes par ailleurs, si elles ne constituent pas une excuse absolutoire, valent en tout cas larges circonstances atténuantes. Au lieu de cela, les batailles de procédure, toutes perdues, sont apparues comme autant de manœuvres pour éviter le débat au fond en cas de succès, retarder le procès en cas d'échec. Mais autant le retard à juger une affaire de droit commun, braquage ou meurtre, sert l'accusé, autant, dans une affaire politique, il le dessert. Ce fut malheureusement le cas. »

13 mars

Des amis venus de partout

Un ami serbe a mis son avion personnel à ma disposition pour le rencontrer à Genève. Ce dont nous nous entretenons relève du secret professionnel mais pas la joie que j'ai de rencontrer des amis connus ou inconnus. A l'hôtel d'abord, tout le personnel m'a souhaité « joyeux anniversaire » ! » à mon arrivée hier soir (alors que je n'en avais informé personne) ; au restaurant de banlieue ensuite, mes nouveaux amis m'ont fait la surprise d'un gâteau. Ayant remarqué mon briquet jetable en panne hier soir, un anonyme m'a fait remettre aujourd'hui un briquet laqué Caran d'Ache. Nous discutons non seulement de la défense du président Milosevic, mais des conseils que je pourrais apporter à leur société spécialisée dans l'aéronautique. Avant de prendre l'avion ce soir pour rentrer, j'ai la surprise de trouver, glissés dans mon sac de voyage, cinquante Robusto de Partagas, la quantité autorisée par les douanes. Ce respect des lois m'enchante.

14 mars

Un soir au château de G.

Quand le jour gravit
Pas à pas les marches du ciel
Mon ombre lentement
S'amenuise et disparaît

Elle revient le soir
Chargée de mystère
Elle voudrait savoir qui je suis
Je lui demande qui elle est

En vain ! Frères siamois nous avons
Un seul corps et deux têtes
L'une nommée silence
Et l'autre solitude

15 mars

Faut-il être un esthète pour être un grand criminel ?

La Conférence du stage des avocats de la cour d'appel de Paris se réunit ce soir à la bibliothèque de l'ordre. Comme ancien, je suis invité à intervenir sur le sujet proposé aux orateurs : « Faut-il être un esthète pour être un grand criminel ? » Ce qui me plaît dans cette formulation, c'est que l'accent est mis non sur le crime, mais sur le criminel. Le crime n'est que le matériau, c'est à l'artiste de lui donner un sens, de le faire parler. Cet artiste peut être l'accusé lui-même : le bûcher ne confère pas l'immortalité à Jacques de Molay, le grand maître du Temple condamné comme relaps, mais il la confère à Jeanne d'Arc, condamnée pour le même motif. D'autres fois, c'est l'accusé qui, après le procès, dressera sa statue, comme Ernst von Salomon avec *Les Réprouvés*; un écrivain immortalisera Antonin Berthet sous le nom de Julien Sorel. D'autres fois encore, ce rôle reviendra à l'avocat. Ce n'est pas son poids de sang qui fait la beauté d'un crime, c'est son poids d'esprit. Le marquis de Sade est un grand criminel. Le général Aussaresses n'est qu'un « serial bourreau ».

16 mars

Badinter et moi, un rapprochement imprévu

Mon confrère et ami Gilles William Goldnadel, dont les idées et l'action sont aux antipodes des miennes, m'adresse son essai contre l'idéologie victimaire où il associe curieusement mon combat anticolonialiste à celui de Badinter pour les Droits de l'homme : « C'est un signe du temps de constater que l'avocat le plus prestigieux et le plus populaire qu'il demeure aura été rendu célébrissime non pour avoir sauvé la tête d'un innocent, mais celle d'un assassin », écrit-il méchamment de Badinter. Quant à moi : « [...] profondément marqué par le racisme et le colonialisme européens », je théoriserais « l'utilisation – théâtrale – de l'appareil judiciaire étatique (la " défense de rupture ") pour en dynamiter les colonnes ». Tous mes combats seraient marqués par le « désir obsessionnel de voir le Juif cesser enfin d'occuper le rôle à [mes] yeux usurpé, de victime idéale que lui a conféré le big-bang

Shoah au profit des vraies victimes : celles du tiers monde ».

Double procès injuste. Badinter, en défendant un assassin, combattait surtout la peine de mort et je ne conteste pas l'holocauste quand je veux voir reconnues les souffrances des colonisés. Comparer le malheur des hommes pour en établir une échelle de mérite me semble une inconvenante entreprise. Mais personne ne convaincra l'autre, et seule demeure l'estime mutuelle.

17 mars

Un commando israélien

Visite de Marie-Claude Hamchari, perdue de vue depuis vingt ans. Son mari, Mahmoud, représentait l'OLP en France. Un matin, le téléphone sonne. Il décroche l'appareil et sa table de nuit explose. Affreusement blessé, il ne tarde pas à mourir. Une procédure avait été ouverte qui n'a jamais abouti. Pourtant, un commando des services secrets israéliens avait été arrêté à Oslo à la suite du meurtre d'un jeune Marocain. Ces gens avaient pour la plupart séjourné à Paris le jour du meurtre de Mahmoud. Curieusement, personne n'a demandé alors leur extradition. A mon retour à Paris, en 1979, le beau-frère de Yasser Arafat m'avait chargé d'engager à nouveau une procédure relative à l'assassinat de Mahmoud mais aussi à ceux des représentants de l'OLP à Rome et à Chypre, et de Mohammed Boudia, un Algérien, à Paris. Puis on m'a demandé d'arrêter mes démarches pour des raisons qu'on ne m'a pas données.

P-S : Hier j'ai assisté à une scène pittoresque, à l'ordre : une remise de la Légion d'honneur...

P-S 2 : Les fleurs de mon gardénia ont changé de couleur. De blanches qu'elles étaient, elles sont devenues dorées. C'est le contraire avec nos cheveux.

18 mars

Mon seul club

Lundi dernier, après la Conférence du stage, les secrétaires m'avaient invité à souper. Au cours du repas fut évoqué le procès prévu de Saddam Hussein. Ils marquèrent leur intérêt. Je les invitai donc à se joindre à moi. Ce qu'ils acceptèrent d'enthousiasme. Aujourd'hui, l'un d'entre eux m'adresse cette lettre, qui révèle ce qu'est la Conférence : une tradition, une culture, un club, le seul auquel j'accepte d'appartenir. « Ce petit mot pour vous remercier chaleureusement de l'excellente et instructive soirée que vous nous avez permis de passer hier soir. La complicité des secrétaires transcende manifestement le temps et les promotions. J'ignore quel sera l'avenir de notre " nouveau dossier commun " mais sais que si elle devait seulement nous permettre de nous rencontrer à nouveau, cette collaboration serait déjà un succès. J'attends également avec impatience votre prochain livre qui sera pour moi une sorte de nouveau cadeau d'anniversaire. »

De prétendus démocrates ont souvent critiqué la Conférence pour son culte de la tradition et de la culture. Ce sont précisément les raisons pour moi de lui apporter mon soutien.

19 mars

Un lieu chargé d'histoire

De nouveau à Genève où j'occupe une suite à l'hôtel Richemond. Je pourrai, entre deux rendez-vous de travail, contempler le lac de mes fenêtres et rêver. J'aime les lieux chargés d'histoire, les tentures lourdes de souvenirs. Colette a occupé cette suite. En face, sur le quai, Elisabeth d'Autriche a rencontré son assassin. La maison est une personne âgée qui sait imposer aux plus mal élevés la discrétion et choisir, pour les bouquets qu'elle nous offre, les fleurs que nous aimons.

20 mars

Les Américains vont-ils tuer Saddam Hussein ?

Déjeuner avec un client qui s'est acquis une belle fortune comme intermédiaire et prête-nom dans le commerce avec les pays arabes. Il fréquente sans illusions les grands de ce monde. Au cours du repas, sa verve s'exerce contre les magistrats. Aucun chevalier blanc, à ses yeux, n'est insensible à un petit cadeau.

« Des affaires ont pourtant éclaté, lui dis-je.

— Celles, me répond-il, où les Américains ont offert plus pour qu'elles éclatent que leurs concurrents français pour qu'elles n'éclatent pas. »

Je prends le thé avec le neveu de l'ancien président Saddam Hussein, afin de fixer notre stratégie dans l'urgence. *Ils* ne l'humilient plus en public, me dit-il, mais dans le secret de sa cellule ? *Ils* prétendent le juger mais, s'il y a un procès, *ils* devraient s'asseoir à côté de lui pour lui avoir fourni les armes dont *ils* lui reprochent l'usage. *Ils*, ce sont les Américains, qui pourraient être tentés de le faire disparaître avant ce procès impossible.

21 mars

Adieu, vive clarté de nos hivers trop courts

Un vieil ami a été retrouvé mort récemment dans l'appartement où il vivait seul. Les policiers, pressés (comme cela arrive souvent), ont conclu, avec l'aide d'un médecin complaisant (cela arrive aussi), à une mort naturelle et n'ont pas voulu tenir compte des soupçons de ses enfants. En effet, l'assassin, méticuleux, a éteint la lumière en partant ; mon ami ne l'éteignait jamais. A mon retour à Paris, je demanderai une autopsie.

Bâton blanc de mes frères aveugles
Et leur parole inaudible
Je les quitte le soir
Quand debout sur leurs pattes
Les cauchemars de la nuit
M'appellent pour la chasse
D'où je rentre le matin
Le cœur lourd
Du sang frais aux commissures
De mes lèvres
Venu du fond des âges
Un autre me hante
Attendant comme moi
Le lever du soleil et de la vie.

22 mars

Un repas mondain

Dîner mondain et télévisé chez Thierry Ardisson. L'enregistrement aurait pu nuire au naturel des conversations, mais, réduit au minimum – un robot faisait le tour de la table – il nous amusait. Les convives étaient les meilleurs qu'on puisse rêver : Hermine de Clermont-Tonnerre et Ysabelle Lacamp, belles et cultivées, François Gibault, ancien membre du conseil de l'ordre, le général Pâris, ancien de la légendaire division Leclerc, et le père de La Morandais. La conversation a porté sur mon dernier livre, *Les Crimes d'Etat. La comédie judiciaire*; le regard de chacun des convives sur ce livre est révélateur : Hermine et Ysabelle sont bouleversées par les atrocités commises au Congo au temps de Léopold II; François est intéressé par la stratégie de rupture pratiquée dans les procès du FLN; Pâris et La Morandais sont soucieux qu'on ne les confonde pas avec le général Aussaresses ou le père Delarue, aumônier aux armées et chantre de la torture. Nous avons eu aussi le temps d'apprécier la cuisine vietnamienne, préparée en mon honneur, et les vins français. Ce sont des soirées qu'on aimerait prolonger jusqu'au matin, mais il faut se séparer à regret. Demain, je dois prendre l'avion de 7 h 30 pour Alger.

23 mars

Un barreau héroïque

L'Union des barreaux d'Algérie a fait du 23 mars la journée de l'Avocat, en souvenir de l'assassinat le 23 mars 1957 de Me Ali Boumenjel par l'armée française – le premier d'une série qui inclut Amokrane Ould Aoudia, abattu devant son cabinet à Paris le 21 mai 1959. Pour célébrer ce jour, plus de mille avocats se sont réunis pour rendre hommage aux morts et saluer les survivants du « collectif du FLN », ainsi qu'on nous nommait à l'époque. La plupart des confrères ont moins de quarante ans et n'ont pas vécu la guerre, mais son souvenir est toujours présent dans la devise des barreaux d'Algérie : « Savoir, courage, indépendance. »

Heureux barreaux nés dans le sang et l'héroïsme, dans un monde qui n'était pas livré comme aujourd'hui à la barbarie des prétendues grandes démocraties où le génocide devient l'arme de la guerre absolue, menée insolemment au nom des Droits de l'homme. Ce barreau est mon barreau d'élection et j'ai été – à la fin de l'intervention que j'ai faite au nom du collectif – heureux de constater, à leurs marques d'affection, que mes jeunes confrères eux aussi m'avaient adopté.

24 mars

Le souvenir du général de Gaulle

Avant de quitter Alger, j'ai tenu à me rendre à l'invitation de l'ambassadeur de France à la villa des Oliviers qui fut aussi celle du Général au temps de la France libre. Du jardin où nous déjeunons, nous pouvons voir l'immense baie d'Alger à nos pieds, et j'imagine de Gaulle, le soir, rêvant à la France en contemplant la mer et le port. En ce temps-là, venu d'Angleterre, simple sergent, je logeais à la caserne Vallée, non loin de la prison Barberousse, où je passerais tant d'heures quinze ans plus tard. Mon combat pour la France libre et mon combat auprès des prisonniers du FLN obéissaient à la même logique. Lisant les mémoires de son fils, l'amiral Philippe de Gaulle, je suis heureux de constater qu'il ne me désapprouvait pas. Après deux nuits blanches, je ressens dans ce jardin un bonheur infini.

25 mars

Arrivé à Paris, j'ai à peine le temps de prendre un bain, de déjeuner d'une aile de poulet que j'ai fait cuire dimanche, et je repars par le TGV pour Lyon où je dois assister en fin d'après-midi à un concours d'éloquence chez les étudiants en droit. Le jury comprend onze autres membres : procureur général, président de la cour d'assises, doyen des facultés, représentants de la chambre des avoués, des notaires, des huissiers et deux membres du barreau dont mon ami Me La Phuong. Il y a quinze ans, lors du procès Barbie, un tel aréopage aurait été inimaginable. Alors, c'étaient les jeunes et les Africains qui m'accostaient dans la rue pour m'embrasser ou me serrer la main, tandis que des confrères me refusaient la leur. Loin de m'attrister, ce geste me gênait pour eux, et je me demandais s'ils exerçaient la même profession que moi. Les jeunes, ce soir, montrent bien du talent, à savoir – c'est le sujet des plaidoiries – s'il vaut mieux glisser sa peau (seul ou à deux) sous des draps plutôt que la risquer sous les drapeaux, fussent ceux de la démocratie ou de l'humanitaire.

26 mars

Ce matin, mon ami Khieu Samphan me fait parvenir une dépêche de l'AFP de Phnom Penh qui souligne le succès de ses mémoires :

« Les Mémoires de Khieu Samphan s'arrachent au Cambodge.

« La version en khmer de *L'Histoire récente du Cambodge et mes prises de position*, premier livre jamais écrit par un ancien affidé de Pol Pot et déjà sorti en France, est publiée alors que se profile un procès à Phnom Penh des anciens dirigeants khmers rouges, jugés responsables de la mort de près de deux millions de personnes de 1975 à 1979. Les libraires ont fait état de nombreuses ventes et n'avaient pour la plupart quasiment plus en fin de journée d'exemplaires disponibles sur les 500 mis en vente d'un premier tirage.

« Dans une préface aux Mémoires, l'avocat français Jacques Vergès, qui a accepté de défendre Khieu Samphan, explique que ce dernier n'appartenait pas à la direction khmer rouge et qu'" à ces crimes, Khieu Samphan n'a jamais pris de part directe ".

« Khieu Samphan, qui vit toujours libre dans l'ancien fief khmer rouge de Pailin, a récemment affirmé n'avoir aucune responsabilité dans le génocide. »

Ce soir, le président Milosevic a pu me téléphoner. Il me demande de passer le voir le plus tôt possible. Je me fais une fête de discuter avec lui de la déroute de l'accusation. Nous allons bien rire à voir comment les myrmidons qui l'accusent se sont pris les pieds dans leurs propres manipulations. Le peuple serbe ne s'y est pas trompé qui l'a élu député. A Phnom Penh comme à Belgrade, les peuples ne se sont pas laissé abuser par la propagande des Etats-Unis et de leurs complices.

28 mars

Hier, 27 mars, *Le Parisien* a donné une large place aux propos que j'ai tenus au repas chez Thierry Ardisson, concernant la défense de Saddam Hussein. Immédiatement, j'ai été submergé de demandes d'interviews par la plupart des médias, presse, radio, télés d'Europe et des Etats-Unis. Je n'ai pu répondre à toutes les demandes, mais au moins ai-je pu satisfaire la curiosité de l'AFP, de RTL, d'Europe 1, France 2, LCI, TV5, Canal +, pour la France, ABC News et Associated Press TV pour les Etats-Unis, tous les canaux de la BBC pour l'Angleterre, la télévision hollandaise, un quotidien de Stockholm et *La Repubblica* d'Italie. Devant tous, j'ai dénoncé la violation des conventions de Genève par les Américains. L'exhibition d'un Saddam Hussein drogué de force, examiné par un médecin américain aux manières de vétérinaire, ou couché au sol avec le pied d'un soldat sur la tête sont des atteintes à la dignité. J'ai exprimé aussi ma crainte, devant ce procès impossible, que, pour ne pas figurer à ses côtés au banc des accusés, les Américains et les Anglais ne soient tentés de l'empoisonner car la détention d'armes de destruction massive qu'ils lui reprochent, voire leur usage éventuel, les mettent directement en cause puisqu'ils les lui ont vendues. Cela s'appelle en droit « complicité par fourniture de moyens ». Avec des secrétaires de la Conférence du stage, l'organisation la plus prestigieuse du barreau de Paris, nous irons, ai-je annoncé, à Genève, demander au CICR d'assurer le respect des conventions dont il est le gardien, puis à La Haye porter plainte contre les membres européens de la coalition, auprès de la Cour pénale internationale dont, à la différence des Etats-Unis, la Grande-Bretagne a reconnu la compétence.

29 mars

Un confrère arabe, de passage, me raconte cette fable : sur une route, un paysan fait signe aux voitures qui passent de le prendre en stop, mais les limousines ne s'arrêtent pas. On ne va pas prendre un pouilleux qui risquerait de salir les coussins... A la fin, un camion s'arrête ; le chauffeur fait signe au paysan de monter sur la plate-forme où se trouve déjà un âne. En cours de route, un croisement force le camion à ralentir et l'âne s'échappe. Arrivé à destination, le routier, furieux, reproche au paysan de ne pas l'avoir averti de la fuite de l'animal et le conduit devant le juge de paix (le cadi). « Pourquoi, demande le juge, n'as-tu pas prévenu le chauffeur de la fuite de son âne ? » Et le paysan de répondre : « Si j'étais parti, est-ce que l'âne aurait prévenu le chauffeur ? » Evoquant le parallélisme des formes, le juge l'a acquitté.

Ce soir, interview à CNN, à El-Arabia et à la télévision iranienne.

30 mars

Déjeuner avec Jean-Claude Simoen, des éditions Plon, heureux de l'accueil déjà fait à mon livre *Les Crimes d'Etat. La comédie judiciaire.* Nous discutons des rendez-vous avec la presse et des signatures en librairie. Il est intéressant, quand on reçoit l'un après l'autre beaucoup de journalistes, d'évaluer leur degré d'indépendance par rapport aux événements et à ma personne. Le ton, avec l'hebdo *Marianne,* est courtois mais prudent, avec *Joumoumia* de Tunis et la 3e chaîne algérienne, fraternel, avec *The Economist,* distancié. Je me rappelle mon retour à Paris il y a vingt-cinq ans, le manuscrit de mon roman *Agenda* à la main, l'accueil enthousiaste de Jean-Claude Simoen qui avait alors sa propre maison. Le roman, qui n'a pas eu beaucoup de succès, illustrait une vision de la vie basée sur le souvenir et l'empathie, où le narrateur est lui-même et en même temps les gens qu'il aime, à différents âges de sa vie.

31 mars

Trois bonheurs. Déjeuner dans un restaurant libanais, arrosé d'huile d'olive et de bordeaux. Débat à la télévision iranienne avec un magistrat à Bagdad qui finit par admettre que ceux qui ont vendu à l'Irak des armes de destruction massive devraient être poursuivis en même temps que les dirigeants irakiens. Une lettre amicale d'un inconnu : « Je viens d'entendre votre remarquable intervention à la radio concernant le sort de Saddam Hussein. Je ne puis résister à l'émotion que j'ai ressentie à l'écoute de vos paroles, d'une rare intelligence, exprimées avec une incomparable clairvoyance. Les médias font de nous des témoins résignés, comme indifférents, mais au milieu de tant de tristesse, sachez, Maître, que beaucoup de gens vous admirent, se reconnaissent dans vos pensées, beaucoup de gens qui vous admirent et qui vous aiment. »

1er avril 2004

Anniversaire d'Hélène et de Lili. En l'honneur d'Hélène, nous sommes allés célébrer cette fête dans une auberge landaise : foie gras et pain d'épices ; magrets onctueux ; madiran.

Interview pour la télévision égyptienne. J'insiste sur la déclaration du juge irakien, hier, à la télévision iranienne. Longue conversation d'une heure pour Channel 4. Le journaliste sursaute quand je rappelle le bombardement des populations kurdes aux gaz de combat par les Anglais, au temps du protectorat. Visite d'un confrère, avocat d'affaires revenant de Bagdad, qui m'apporte un message d'un autre confrère irakien. Interviews encore pour *Le Quotidien* d'Oran, le *Daily Telegraph*. Le repos que j'attendais en fin de journée s'éloigne : le directeur général de la police nationale du Congo vient d'être arrêté sur l'ordre d'un juge de Meaux et il me désigne comme avocat pendant sa garde à vue.

2 avril

C'est l'anniversaire aujourd'hui de Magdalena Kopp, qui fut l'amie de Ramirez-Sanchez dit Carlos, et que j'ai défendue en 1981. J'ai demandé à Lachaume de lui faire parvenir, en Allemagne, un beau bouquet. Rendez-vous avec la chaîne de télévision Al-Arabia et le *Washington Post.* Tous deux enregistrent sans sourciller mes déclarations mettant en cause M. Rumsfeld, l'actuel responsable américain de la Défense, ainsi que ma crainte que les Américains ne tuent Saddam Hussein dont le procès éventuel ne pourrait pas ne pas les mettre en cause. Avec CBS, j'ai simplement une conversation en vue d'une collaboration de plus longue durée, avec notamment un portrait de moi dans l'émission de Dan Rather. Mais la mise en détention par les juges de Meaux, malgré son immunité, du haut fonctionnaire congolais en mission à Paris bouleverse ma journée. L'affaire ne se dénoue qu'à 2 heures du matin avec sa remise en liberté. Entre-temps, j'ai pu assister au château de Groussay à l'anniversaire à la fois bon enfant et fastueux de mon ami Jean-Louis Remilleux.

3 avril

Une polémique prend fin avec l'Union des avocats arabes. Devant le retentissement de mes prises de position, un avocat jordanien, constitué par l'une des épouses et l'une des filles de Saddam Hussein, me dénie le droit de m'exprimer. Querelle de boutiquiers dans laquelle évidemment je n'entre pas. Son titre à agir n'est ni plus grand ni moins grand que le mien. Constitué depuis quatre mois, il a ses raisons de réfléchir avec d'autres à la meilleure stratégie. Pour ma part, désigné depuis quinze jours, j'agis dans l'urgence pour sauver la vie de Saddam Hussein. Aujourd'hui, après une réunion au Caire du groupe dont ce confrère fait partie, l'Union des avocats arabes déclare être prête à collaborer avec moi. Tant mieux ! J'ai une mission et je la remplirai. Pour une défense efficace, ce n'est pas le nombre des défenseurs qui compte, mais leur parfaite harmonie. Pour tirer une charrette, un âne peut suffire. Adjoignez-lui un pur-sang et l'attelage vire dans le fossé. L'inverse est vrai aussi. Ce soir, j'ai parlé à la télévision iranienne et à la télévision libanaise pour appeler l'opinion à la vigilance : la vie de Saddam Hussein est en danger. Il faut arrêter le bras des assassins.

4 avril

Bousculé depuis mon retour d'Alger, je ne prends connaissance qu'aujourd'hui de la lettre suivante du bâtonnier :

« Mon cher confrère,

« L'interview que vous avez donnée à la revue *Paris Match*, publiée dans son n° 2 856, paru entre le 12 et le 18 février 2004, m'a été transmise, comme vous le savez, par notre confrère F. M. qui m'a interrogé sur le point de savoir si elle ne constituait pas une violation des principes essentiels de notre profession, et ne portait pas, ce faisant, préjudice au barreau de Paris.

« Sans entrer dans une polémique qui me paraît vaine, dès lors que vous disposez, comme tout avocat préparant une défense, d'une liberté de ton et de parole que nul ne saurait s'arroger le droit de limiter de quelque manière que ce soit, il me semble qu'en ma qualité de chef de notre ordre, il m'appartient de vous rappeler qu'aux termes des dispositions de notre règlement intérieur, " toutes les valeurs qui constituent les principes essentiels de la profession " doivent guider " en toutes circonstances le comportement de l'avocat " que vous êtes et demeurez, surtout lorsque vous donnez une interview en votre qualité d'avocat, comme c'est le cas en l'espèce.

« Vous m'autoriserez à vous dire que je suis, comme d'autres membres du Conseil qui s'en sont ouverts à moi, heurté de lire que vous considériez les partisans d'un régime qui aura occasionné près de deux millions de morts comme “ des types propres, désintéressés, idéalistes, prêts à sacrifier leur vie ”.

« Si vous aviez vraiment tenu ces propos, je m'autorise à vous dire qu'ils me paraissent à tout le moins excessifs, et manquant de la délicatesse dont doivent être empreints notre activité professionnelle, et plus généralement, notre comportement public. »

Ainsi, mes propos heurtent le bâtonnier tandis que ses propos m'étonnent. Je ne veux pas lui répondre sur le coup de l'étonnement, et ne le ferai que demain.

5 avril

Voici la réponse que je rédige à la lettre du bâtonnier et que je lui fais porter aujourd'hui afin que demain, à la remise de sa Légion d'honneur à notre ami Yves Repiquet, il puisse me faire ses observations :

« Monsieur le bâtonnier,

« Rentrant d'Algérie, je lis votre lettre avec attention et je voudrais savoir :

« — d'où tirez-vous le chiffre de deux millions de victimes du régime khmer rouge ?

« — si vous contestez aux Khmers rouges la présomption d'innocence ;

« — si vous considérez qu'on ne peut être idéaliste et désintéressé et commettre des crimes ;

« — si vous considérez que les crimes des guerres de religion, de la Terreur et du génocide vendéen ne sont pas le fait d'idéalistes ;

« — si vous me contestez, au nom de la délicatesse, le droit d'affirmer mon admiration pour nos défunts confrères Saint-Just et Robespierre, et si je dois retirer le médaillon de Saint-Just qui orne ma bibliothèque.

« L'Union des barreaux d'Algérie, en présence de votre représentant, a rendu hommage aux confrères assassinés par les forces de l'ordre (y compris à Paris) et à ceux qui avec moi constituaient le collectif des avocats des prisonniers du FLN. Stigmatisant l'attitude indigne de certains avocats, qui avaient écrit au garde des Sceaux pour réclamer des sanctions contre nous, le rapporteur s'est plu à leur opposer l'attitude de nos confrères Isorni et Tixier-Vignancour qui, quoique nos adversaires, avaient refusé de s'y associer et n'avaient pas confondu délicatesse et lâcheté.

« Je regrette que le petit rapporteur qui m'a dénoncé auprès de vous n'ait pas, à l'exemple de ses aînés, porté plainte entre les mains du garde des Sceaux. Je reste persuadé que le ministre a de la défense et de la liberté d'opinion une conception plus généreuse que celle de mes dénonciateurs. »

6 avril

Ma journée est encadrée par deux entretiens. De 9 à 10 heures, dialogue avec les auditeurs à Radio-Beur. Un bain de bonheur et de simplicité. Quand on s'aime, tout est facile, même le mépris ou la haine des autres. Le soir, de 21 à 22 heures, débat à France 2, animé, si on peut dire, par Guillaume Durand qui se demande si, à dénoncer les crimes commis contre les peuples du tiers monde, je ne cherche pas à « banaliser la Shoah »... Comme s'il devait exister des classes dans le malheur ! A midi, déjeuner organisé et animé par la revue *Entreprendre* en présence de Pierre Messmer et de Roland Dumas. Ce dernier voit dans le résultat des élections un plébiscite pour la décentralisation poussée jusqu'au fédéralisme, dont il est partisan.

L'ancien Premier ministre Messmer et moi-même lui opposons la réalité et l'histoire. Les électeurs, en votant contre la droite, qui lui proposait justement la décentralisation, ne l'ont pas plébiscitée. Rien ne sert d'évoquer l'Allemagne ou l'Espagne : en France, la tradition est centralisatrice, des Capétiens jusqu'à la République.

7 avril

Conférence au CHEM (Centre des Hautes Etudes Militaires). Quarante auditeurs, officiers généraux ou supérieurs français et européens. Le thème de la causerie : le désordre mondial et la judiciarisation du chaos. J'étonnerai en disant que les militaires ont l'esprit plus ouvert que les journalistes officiels. Mon exposé n'a choqué personne, et si les questions fusent, c'est à propos de mes choix, la France libre, l'Algérie, l'Asie, ma conception de la profession qui relève plus de l'art que de la pure technique.

L'après-midi, interview à la télévision canadienne, avenue Montaigne. En m'y rendant, des gens, dans ce « beau quartier », m'accostent dans la rue comme hier, en allant à Radio-Beur, rue Oberkampf, Les mêmes mots simples : bravo ! L'éloge dans le 8e, l'affection dans le 11e : « On vous aime ! » La télé canadienne est au sixième étage, les cinq autres étant occupés par les bureaux de la banque Rothschild. Avec la presse étrangère, le ton est plus libre qu'avec la presse française en général. Et tout le monde rit à mes piques contre l'arrogance américaine.

8 avril

Aujourd'hui, deux interviews. Débat le matin à Radio-Orient avec Christian Malar de France 3. Est-ce parce qu'il s'agit de journalistes possédant bien leur sujet ? la discussion est moins frileuse que d'habitude. Personne ne pleure sur le sort des Américains. Le soir, une journaliste fait mon portrait pour RFI, à destination de l'Europe. Plaisanteries habituelles sur mon âge (quatre-vingts ans) et ma jeunesse.

Deux repas avec des clients amis. A midi, dans une brasserie avec Louise-Yvonne Casetta, discussion purement juridique sur la stratégie de notre défense en appel, accompagnée de quatre douzaines d'huîtres. Le soir, repas plus discret avec le capitaine Barril, pour la préparation du procès des écoutes de l'Elysée, où il est à la fois prévenu et partie civile, et conversation passionnante sur l'Irak qu'il connaît bien.

9 avril

Interview dans les locaux du journal *Watan El Arabia.* Visite chargée de souvenirs : ce journal, sis rue Marbeuf à l'époque, avait été l'objet d'un attentat le matin même où s'ouvrait le procès de Magdalena Kopp et de Bruno Bréguet, qui étaient alors les amis de Carlos. La presse et certains milieux y virent comme un avertissement de Carlos pour éviter une condamnation trop lourde de ses compagnons ; sans aucune preuve, mais il y a ainsi des coïncidences qui entraînent la conviction. A leur arrivée dans le box, j'avais serré la main de Bruno Bréguet et embrassé Magdalena Kopp. Certains en furent choqués, « surtout après cet attentat ». Au moment où le procès commençait, la nouvelle de l'attentat ne nous était pas encore parvenue...

Visite dans la soirée d'un homme d'affaires amateur de jeunes garçons. Il tremble parce qu'il est convoqué au commissariat de son domicile. Je me renseigne : il s'agit d'une audition de routine pour le renouvellement de son autorisation de séjour. Il respire. Moi aussi.

10 avril

Jour férié. Samedi de Pâques

Ou est l'Autre, mon double,
Dont le cœur bat contre ma poitrine
Impatient de sortir et retrouver
Les prairies familières
Ondulant au vent du passé ?
Combien suis-je
Quand la solitude nous renvoie
Dans cet écrin que le matin referme
Mais que rouvre le soir
Dans le noir et le silence ?

11 avril

Sur la situation des droits humains en Irak

Malgré mes préventions contre Amnesty International, dont les ressources sont pour l'essentiel anglo-saxonnes, et que j'ai déjà surprise en flagrant délit de mensonge au Togo, je parcours son rapport en date du 18 mars sur l'Irak et y butine un miel sanglant :

« Beaucoup de personnes non armées, est-il écrit, sont mortes du fait d'un recours excessif à la force meurtrière par les troupes de la coalition lors de manifestations publiques, de contrôles à des points de passage ou d'opérations commando dans des habitations. Des milliers de gens ont été interpellés et maintenus en détention prolongée, souvent dans des conditions éprouvantes et sans que leur détention ait été reconnue. Beaucoup ont été torturés ou maltraités et certains sont décédés au cours de leur détention.

« De nombreux civils ont, semble-t-il, été tués après un usage excessif de la force par les troupes de la coalition ou ont été abattus dans des circonstances controversées. Des soldats ont, par exemple, abattu de nombreux manifestants irakiens à diverses reprises et l'actualité très récente vient le confirmer. Aucun soldat n'a été poursuivi en justice pour avoir tué illégalement des civils irakiens. La juridiction irakienne n'est pas autorisée à traiter les affaires mettant en cause des soldats de la coalition. Dans les faits, les soldats opèrent en totale impunité et aucune enquête indépendante ne semble avoir été menée.

« Selon des témoignages émanant d'Irakiens emmenés en détention par les forces de la coalition, il ressort que leurs droits ont été violés puisque certains ont été détenus sans jamais avoir été inculpés pendant plusieurs mois et d'autres ont été torturés au cours de leur interrogatoire. Parmi les méthodes employées, ils ont cité les coups, la privation prolongée de sommeil, le maintien dans des positions douloureuses, parfois combiné à une exposition à de la musique très forte, le maintien prolongé d'un sac sur la tête et l'exposition à des lumières violentes.

« Pratiquement, aucune de ces allégations de torture et de mauvais traitements n'a fait l'objet d'une enquête appropriée. En outre, aucun des détenus n'a pu prendre contact avec un avocat ou des membres de sa famille ni obtenir que la légalité de sa détention soit examinée par un tribunal. »

12 avril

Saisine de la Cour pénale internationale sur la situation en Irak

J'y réfléchis depuis hier. Certes, l'Irak n'a pas ratifié le statut de Rome, mais la cour est compétente pour engager des poursuites contre des personnes physiques dans le cas où les crimes ont été commis par un ressortissant d'un Etat qui a ratifié le statut de Rome. D'une part, dans la mesure où certains Etats qui sont partie à la coalition ont ratifié ce statut, rien ne s'oppose, sur le plan du droit, à ce que la cour soit saisie. D'autre part, la cour est compétente pour les crimes commis après le 1er juillet 2002, ce qui est le cas pour les violations constatées en Irak. Enfin, le procureur de la cour peut ouvrir une enquête lorsqu'un ou plusieurs crimes ont été commis, sur la base d'informations émanant d'une source quelconque, y compris de la victime ou de ses proches. En vertu du principe de « complémentarité », la Cour pénale internationale ne peut intervenir que dans les cas où les tribunaux nationaux n'auront pas la volonté ou seront dans l'incapacité de le faire. Or, en l'espèce, outre le fait qu'aucune juridiction irakienne n'est autorisée à traiter des affaires mettant en cause des soldats de la coalition, le tribunal spécial irakien créé le 10 décembre 2003 par le Conseil du gouvernement provisoire irakien ne présente pas toutes les garanties nécessaires pour assurer le droit à un « recours effectif ».

En effet, il existe un risque réel de manipulation politique quant à la nomination des juges du fait que le tribunal spécial reste aux mains du Conseil du gouvernement provisoire irakien, sous contrôle des autorités américaines. En raison de la carence manifeste des juridictions irakiennes et de ce tribunal spécial quant au respect des droits de la défense et du droit à un « recours effectif », il serait envisageable de saisir le procureur de la Cour pénale internationale, afin que des enquêtes approfondies soient menées en Irak pour constater la violation des droits humains et engager des poursuites judiciaires, et ce, malgré le fait que certains Etats de la coalition n'ont pas ratifié le statut de Rome.

13 avril

Je ne connaissais le Pr Marcel Conche qu'à travers les textes de Parménide et d'Héraclite qu'il m'avait donné le goût (et le plaisir) de relire, et voici que je reçois une carte de lui me demandant l'autorisation de me dédier deux courts textes qu'il publie pour la défense de Heidegger, payant encore et toujours sa dette envers un homme auquel il doit tant, selon la propre dédicace de son *Parménide.* Sa courte lettre, très personnelle, évoque des souvenirs d'un temps révolu où lui-même peut-être, en tout cas les siens et moi-même, poursuivions le même rêve de bonheur héroïque. En ce temps-là, contrairement à la légende, on était moins sectaire qu'aujourd'hui. Hannah Arendt et Heidegger pouvaient continuer à s'aimer et se respecter, malgré leurs choix opposés, Aragon et Malraux gardaient leur estime à Drieu La Rochelle. Aujourd'hui ceux qui disaient qu'« il est interdit d'interdire » ostracisent toute pensée différente de ce qui leur en tient lieu, et les mouchards invoquent les Droits de l'homme pour dénoncer ceux qu'ils haïssent de leur rappeler leur médiocrité. Merci, monsieur Conche, pour ce vent salubre d'hier que vous me faites respirer à nouveau. Le règne des cons n'est pas éternel.

14 avril

O Droits de l'homme, que de crimes et indélicatesses on commet en ton nom !

Le directeur général de la police nationale à Brazzaville est de passage à Paris, en mission officielle. Saisi d'une plainte concernant un prétendu massacre commis au Congo par des gendarmes et des militaires, un juge le met en examen et un autre le jette en prison. Alertée par la défense, la chambre de l'instruction décide dans la nuit de le remettre en liberté. Au lieu de se féliciter d'une telle célérité, la Fédération internationale des ligues des Droits de l'homme y voit un coup d'Etat politico-judiciaire.

Au Cambodge, les quelques responsables khmers rouges encore vivants attendent d'être jugés. Loin de vouloir se soustraire à la justice, ils souhaitent pouvoir s'expliquer sur les crimes qu'on leur attribue. Les organisations des Droits de l'homme, oubliant que la liberté est le premier de ces droits, réclament leur incarcération.

Un ami roumain me signale que l'avocat de M. Ceaucescu – qui affirmait que son client était coupable et méritait la mort – vient militer aujourd'hui dans une association de défense des Droits de l'homme. La prétendue défense des Droits de l'homme est devenue aujourd'hui le masque des ennemis de ces mêmes droits.

15 avril

Le sacrifice inutile

J'ai reçu aujourd'hui la visite d'une avocate qui a voulu épouser le tiers monde, vécu comme une abstraction et non une communauté de vivants avec leurs qualités et leurs défauts. Une sœur de charité aide autrui sans s'identifier à lui ; l'amour que mon confrère porte aux autres, parce qu'il exprime un manque, voudrait s'identifier à l'autre, le posséder. Cet amour, finalement égoïste quoique désintéressé, ne peut mener qu'à la déception et, comme un amant mal aimé accable celle qu'il aime de présents qu'elle n'a pas sollicités, mon confrère a pris, pour aider ceux qu'elle aime, les risques les plus grands, oubliant que l'héroïsme n'est beau que lorsqu'il est nécessaire, autrement il n'est que ridicule. Dans sa fuite en avant, elle voudrait me rejoindre « dans mes combats », me dit-elle, leur attribuant un caractère aventureux qu'ils n'ont pas, et je suis contraint de la décevoir en refusant son aide.

La lutte est affaire de gens sains et non de malades. Les autres ne sont pas là pour nous guérir de nos faiblesses.

16 avril

Le Monde de ce jour stigmatise un nouveau raté de la Commission des droits de l'homme de l'ONU : « La Chine, la Russie, le Zimbabwe ont échappé à toute mise en cause grâce à la mobilisation de pays eux-mêmes coupables. » Mais le même journal ne contient aucune phrase condamnant les Etats-Unis, que le délégué chinois a pourtant montrés du doigt : « La Chine, notamment, s'en prenait vertement aux Etats-Unis qui avaient " osé " présenter une résolution antichinoise [...] Les Etats-Unis sont mal placés pour critiquer tout le monde, lançait l'ambassadeur Sha Zukang, ils devraient s'acheter un miroir, un miroir bien grand, pour s'y regarder, et il faut qu'ils nous disent si les droits des Irakiens sont protégés. »

Il est vrai que les ONG, qui ont trouvé cette situation « scandaleuse, écœurante, ridicule », tiennent à ce que les Etats-Unis conservent leur rôle d'accusateur sans tache : « Les ONG demandent que soient instaurés des critères pour devenir membre de la Commission. Mais ces critères excluraient les Etats-Unis, ce que malgré tout personne ne souhaite. » Il est vrai aussi que, dans le même numéro du *Monde*, le général Myers, le chef d'état-major interarmes américain, déclare : « Il n'y a jamais eu dans l'histoire des guerres – et les guerres par nature sont cruelles – une campagne plus humaine que celle menée par la coalition depuis le 19 mars de l'an dernier jusqu'à aujourd'hui, et cela inclut les opérations à Fallouja. » A Fallouja, selon l'organisation britannique Iraq Body Counting, plus de six cents personnes sont mortes, « pour la moitié, des femmes, des enfants et des gens âgés ».

17 avril

Après le droit de circuler, celui de vivre, celui de penser est en question. J'ai été invité dimanche dernier à une émission grand public intitulée « On ne peut pas plaire à tout le monde ». Incontestablement, je ne plaisais pas à la paire d'animateurs, un homme et une femme, qu'il est inutile de nommer. Les mêmes questions revenaient : « Comment peut-on défendre des gens indéfendables ? » et les questionneurs avaient bonne conscience, sans se douter qu'ils raisonnaient comme des lyncheurs de Noirs en Alabama. Ou encore : « Est-ce la notoriété que vous cherchez ? » Comme si l'avocat était coupable d'être désigné dans une affaire intéressant les médias. C'est tout le sectarisme de ce que Raymond Barre appelle « le microcosme » et qui est pourtant étranger à la France dite « profonde » ; le courrier que j'ai reçu à la suite de cette émission me le démontre. C'est un membre de l'Institut qui m'écrit : « Le barreau ne mourra pas tant qu'il y aura des avocats comme vous. » C'est un couple de médecins de Rouen – la France est « occupée » intellectuellement, mais pas les Français heureusement – qui envoie à la direction de FR3 la lettre qui suit : « Nous sommes tombés (de haut !) tout à fait par hasard sur une émission de FR3 le dimanche 12 avril 2004, “ On ne peut pas plaire à tout le monde ” [...] Mon mari et moi étions entourés de trois enfants, entre 12 et 17 ans. Tous les cinq, pareillement atterrés et scandalisés, nous avons assisté à ce pugilat verbal. Devant l'intensité de l'indignation de nos enfants, nous avons saisi cette occasion, particulièrement éloquente, pour leur démonter les mécanismes de ces “ nouveaux jeux du cirque télévisuels ” où un nombre variable de bourreaux, ici deux (et la femme n'était pas la moins virulente), s'acharnent sur une victime.

« Nous en avons profité également pour leur faire admirer (mais ils n'avaient pas eu besoin de nous pour cela) la maîtrise de soi, la mesure des propos et le respect humain dont Maître Vergès a fait preuve à l'égard de ses interlocuteurs. Jamais il n'a répondu au mépris, aux propos insultants, aux insinuations, à la façon dont on lui coupait sans cesse la parole, etc. Ainsi, ces derniers ont-ils bénéficié de cela même qu'ils reprochaient à l'avocat chargé de défendre Saddam Hussein : un respect humain inconditionnel, quel que soit le comportement, ici en l'occurrence haineux et intolérant, de ces animateurs TV. Ces méthodes de promotion de l'intolérance sont bien éloignées des principes des véritables débats démocratiques et se rapprochent hélas beaucoup plus des méthodes totalitaires ! Elles donnent une bien mauvaise idée de ce que pourrait être la télévision dans un pays réellement démocratique. »

18 avril

La liberté d'expression

Le peuple français a la réputation d'être très libre d'esprit ; il est paradoxal de constater que la presse française est moins libre que ses homologues anglo-saxonne ou allemande. J'ai donné mercredi une longue interview à ARD, une télévision allemande, jeudi une autre à la chaîne américaine CBS pour l'émission « Sixty Minutes ». Les questions étaient sans complaisance, mais aussi sans agressivité. ARD m'a demandé si je n'avais pas dans mes procès un regard trop esthétisant et donc égoïste. La question n'est pas agressive et pas dénuée de fondement, même si je réponds que ce qu'on appelle l'esthétisme est, en l'occurrence, une recherche de sens dans l'intérêt même de l'accusé. CBS insistait sur la notion de rupture et se demandait objectivement si ce type de défense n'était pas une diversion : c'est une diversion qui nous éloigne du mensonge d'une accusation politique et cette diversion rapproche de la vérité. A la fin de l'entretien, le journaliste américain m'a demandé : « Est-il vrai que Zola a écrit son *J'accuse* et qu'il est mort tout près d'ici ? » C'est la première fois qu'un journaliste me pose cette question.

19 avril

Des nouvelles de Moussa

Un confrère malien de passage à Paris m'a apporté des nouvelles du général Moussa Traoré, l'ancien chef de l'Etat malien renversé à la suite d'émeutes puis d'un coup d'Etat inspirés par M. Mitterrand. Son procès, entièrement retransmis par la radio, lui avait permis, ainsi qu'à ses avocats, de rétablir la vérité devant l'opinion. Condamné à mort, il fut gracié... immédiatement après avoir refusé de demander sa grâce. Quand l'accusé et l'avocat sont d'accord, un procès est un véritable acte d'amour, et quand le collectif de défense est uni, c'est une fête. De passage à Bamako récemment, je lui ai rendu visite non pas à la prison, mais dans la villa officielle que le chef d'Etat nouvellement élu, le général Amani Touré, a mise à sa disposition. Ce sont là des mœurs d'aristocrates qui ont disparu, hélas, en Occident, où les vainqueurs n'ont de cesse de touiller le passé jusqu'à la nausée et d'injurier le vaincu. Au Mali, on parle moins des Droits de l'homme qu'au bord de la Seine, mais on respecte beaucoup plus la dignité de l'homme.

20 avril

Anniversaire

Depuis cette année, le cabinet célèbre deux fois mon anniversaire puisqu'une rumeur me fait naître à une autre date que la date officielle. J'aurais aujourd'hui quatre-vingts ans. Tous mes anniversaires sont célébrés dans le même restaurant asiatique fréquenté par des Africains. C'est ici qu'un soir, autour d'une soupe chinoise, un quarteron de généraux a décidé la chute du président Bédié, en Côte-d'Ivoire.

A tous ceux qui m'interrogent du regard, je voudrais dire .

Ne vous inquiétez pas
Si j'ai le pas mal assuré
Du marin qui débarque
Bercé encore par le roulis
Si je ferme les yeux en vous écoutant
Décalage du temps, décalage des ans
Je reviens du fleuve Oubli.

21 avril

Je reçois de la veuve d'un confrère belge, des Etats-Unis, la lettre suivante qui me bouleverse :

« Mon feu mari, Simon Nusbaum, vous aurait envoyé cette coupure du *New York Times,* vous aurait téléphoné et vous aurait regardé à la télévision. J'ai vu votre apparition sur CNN, exposé très vif quoique très fier, ce qui vous distingue très fort d'autres confrères... En voyant votre bureau avec la magnifique tapisserie, et les quelques bibelots dont je me souviens très bien, lors de ma visite avec mon mari pendant la période du procès Barbie, mon émotion était très forte...

« Je vous souhaite "*from the bottom of my heart*" énormément de courage et bonne chance surtout. "*You are a true legend*". Vous êtes toujours le bienvenu à New York. »

Simon était un merveilleux confrère. Juif et sioniste, membre de l'Anti-Defamation League, il aurait voulu que le procès Barbie fût l'occasion de dénoncer l'antisémitisme, et pour cela, lorsqu'il fut question de la « demi-énigme d'Izieu » selon l'expression du correspondant de *L'Humanité*, avait considéré que l'ennemi à dénoncer était le nazisme et non pas essentiellement Barbie. Point de vue inacceptable pour ceux qui avaient décidé de tout focaliser sur la tête de Barbie. A la suite d'une cabale, Nusbaum avait dû se retirer du procès.

22 avril

Mon ancêtre tailleur de pierre. Perpignan

Mon trisaïeul était tailleur de pierre à Villefranche-de-Conflent dans les Pyrénées-Orientales. C'est la confidence que je ferai aux responsables du Comité méditerranéen pour la culture, du Club 89 et aux journalistes avec qui je dois déjeuner. Ensuite j'assisterai à une conférence-débat puis à un dîner. Je retrouve sur place des confrères amis et d'abord Simone Bernard-Dupré, veuve d'un confrère très proche, qui vient parler du récit douloureux qu'elle vient de publier : son enfance dans une famille juive de Tunis. Au cours de la conférence, la question rituelle m'est posée : peut-on défendre l'indéfendable ? Je crois avoir convaincu le public que tout homme est défendable et doit être défendu, afin non pas d'éviter une sanction s'il la mérite, mais que cette sanction soit prononcée en tenant compte de toute la vérité, celle de l'accusé, mais aussi celle de la société à ce moment-là. Je prends comme exemple l'affaire Dutroux : sans remettre en cause sa culpabilité avouée, n'était-il pas important de savoir s'il « travaillait » pour lui seul ou pour un réseau ? Le fait que cette question a été négligée par le procès ne peut manquer de laisser un goût amer et le procès perd, par là même, sa valeur exemplaire.

23 avril

A partir du mois d'octobre, je serai partie dans trois grands procès : celui des emplois fictifs du RPR en octobre ; de novembre 2004 à mars 2005, celui des écoutes illégales ordonnées par l'Elysée sous Mitterrand ; enfin le procès dit « des lycées d'Ile-de-France » dans le premier semestre 2005. Il est temps de m'y consacrer. Mais auparavant je voudrais relever quelques grands traits communs à ces affaires ; je suis, en cela, l'exemple de Marx dans ses chroniques au *New York Tribune* qui, à partir de faits divers, tentait de comprendre l'évolution de la société. Comme je le fais pour mon plaisir, il est bien évident que je me place dans une optique qui n'est pas celle, purement judiciaire, que j'aurai dans chacun des procès, mais dans la perspective des traces que ces procès vont ou ont déjà laissées dans la société française.

Les masques de la vertu

Au Moyen Age, les barons se faisaient la guerre sans cacher leurs ambitions ; sous la Régence, les aristocrates se livraient sans masque à leurs jeux érotiques. C'est seulement après la Révolution que le contrôle de l'opinion oblige les grands à mettre le masque de la vertu sur leurs turpitudes. Le monde de la politique et des affaires rappelle le bal de l'Opéra décrit par Balzac dans *Splendeurs et Misères des courtisanes* où tout le monde porte un masque. Quoi d'étonnant, quand Mitterrand-Vautrin, à la tête de l'Etat, cache son passé à Vichy et son activité pendant la guerre d'Algérie ! C'est aussi ce masque que les procès arrachent de la face des P-DG des grandes sociétés comme de leurs interlocuteurs au gouvernement. C'est encore ce masque qui tombe du visage de certains magistrats : qui n'a pas vu, au cours d'une audience, le regard échangé entre un président de chambre et un ancien ministre, ignore ce que peut être un tripot. Dans ces procès, les corrupteurs jouent les victimes et les juges feignent de les croire. Les corrompus non encore démasqués jouent les vierges effarouchées : « Comment est-ce possible ? » et les mis en examen, au lieu de nier, feraient mieux de tout avouer en reconnaissant que la loi vaut pour tout le monde.

24 avril

L'avalanche

A côté de ces affaires qui concernent en apparence seulement le RPR, d'autres affaires plus graves s'annoncent dans un ciel d'orage, comme l'affaire des frégates de Taiwan. Cette succession d'affaires – après l'affaire Urba qui concernait le PS – frappe par la régularité de métronome avec laquelle elles éclatent. Leur retentissement dans l'opinion, leur importance de plus en plus grande donnent des crises politiques qui ne sont pas sans évoquer les scandales de la IIIe République : affaire Hanau, affaire Oustric culminant enfin avec l'affaire Stavisky ; manifestation de la droite, place de la Concorde, avec ses morts ; Union de la gauche et victoire du Front populaire, laissant une France divisée et affaiblie devant la guerre qui menace.

On ne peut pas dire que le sang n'a pas coulé, mais pour l'instant il a coulé discrètement. L'ancien Premier ministre Pierre Bérégovoy et l'ancien confident de François Mitterrand, François de Grossouvre, se seraient suicidés, l'un sur une berge déserte, l'autre dans les bureaux de l'Elysée. Nous n'en sommes pas encore aux scandales de la IIIe République mais nous entendons les coups de sonnette du destin.

25 avril

A ces affaires, il manque un couronnement : la mort. Pour qu'un fait divers devienne un grand fait divers, il faut du sang. Dans l'affaire des écoutes, il y a bien eu le sang d'un capitaine de la gendarmerie, mais le suicide d'un pauvre ne suffit pas à faire d'un crime ou d'un délit une tragédie... Pour cela, il faut des assassinats d'acteurs de premier plan. De ce point de vue, l'affaire des frégates de Taïwan est une réussite :

— le commandant Yin, retrouvé flottant entre deux eaux à Taïwan, mais sans aucune goutte d'eau dans les poumons ;

— le jeune Yang, électrocuté dans son bain au Canada, avec une blessure de 9 cm sur le visage et d'autres sur la cuisse et la cheville ;

— James Kuo, tombé de la fenêtre de son bureau à Taipei ;

— Thierry Imbot, fils du général Imbot, ancien patron de la DSGE, tombé lui aussi de sa fenêtre à Paris ;

— Jacques Morisson, tombé de sa fenêtre à Neuilly.

Un milliard d'euros ; une demi-douzaine de morts déjà, et la liste, dit-on, n'est pas close. Tous nos gouvernants, qu'ils soient de droite ou de gauche, refusent de communiquer aux juges les dossiers dont ils disposent, au nom du secret-défense. Défense de qui ?

26 avril

Déjeuner avec le correspondant à Bagdad de plusieurs journaux de langue française qui m'apporte des nouvelles. J'y suis connu désormais comme le défenseur de Saddam Hussein. Même si la situation économique s'est améliorée, le sentiment antiaméricain se développe en raison de l'arrogance de l'armée d'occupation et de l'humiliation ressentie par les Irakiens. Il me suggère de mettre l'accent, dans mes déclarations, sur les responsabilités des Américains, afin de rallier à ma défense même les plus hostiles à Saddam Hussein.

Dîner dans un restaurant tourangeau avec mes amis venus d'horizons divers mais unis par l'amour de la France et de la vie. Foie gras, côte de veau rôtie, filet de bar grillé au beurre blanc. Et surtout fromages de chèvre de toutes sortes, pyramides tronquées ou élancées, disques aplatis, blanc de neige ou cendrés, enveloppés de feuilles de vigne ou de platane, odeur de foin ou de charbon, pâte onctueuse ou sablée, arrosés de bourgueil ou de chinon évocateur de Ronsard et de Rabelais. A la fin, l'envie nous prit justement de chanter les Psaumes de Ronsard : Ah ! je meurs. Ah ! baise-moi.

27 avril

Journée bien remplie. Interview pour *Vanity Fair* le matin avec une journaliste qui a suivi la guerre de Bosnie. Puis, RMC et France Info. RMC me demande de commenter l'interview publiée au Caire par *Al-Ahram*; France Info, quelques heures plus tard, m'interroge sur une dépêche AFP annonçant une visite du CICR à Saddam Hussein. J'y vois une conséquence de l'action que je mène et une demigarantie contre l'empoisonnement du président prisonnier. Le soir, réception donnée par l'ambassade d'Afrique du Sud, à la Sorbonne, pour le dixième anniversaire de la fin de l'apartheid. Bain d'amitié avec des inconnus. Puis entretien avec José Artur à propos de mon dernier livre. Le portrait que j'y trace d'Albert Speer, l'architecte aimé de Hitler, puis son tout-puissant et efficace ministre de l'Armement, l'a particulièrement intéressé. Ce mélange de sensibilité exacerbée et d'indifférence à la souffrance d'autrui, de rêverie et d'efficacité, cette amitié-passion pour Hitler et ce sentiment double de tristesse et de libération à sa mort : la complexité du criminel.

28 avril

Déjeuner au Cercle interallié avec deux ministres et l'ambassadeur du Congo à Paris, pour faire le point sur les procédures menées au nom des Droits de l'homme contre les dirigeants du pays, à coups de mensonges et de manipulation. Je leur cite les déclarations du Pr Axel Kahn dans *Le Figaro* de lundi, au sujet des Droits de l'homme :

« Mon combat est humaniste. Par conséquent, je défends [...] la grandeur et la spécificité des droits de l'homme. Mais c'est une expression qui, en soi, devient insuffisante. Il faut la manipuler avec beaucoup de précautions et savoir détecter les situations où son but est en réalité de masquer des desseins de domination sous une enveloppe morale. »

Comment n'y pas songer quand on voit que la FIDH, si prompte à porter plainte contre le président Sassou, n'engage aucune poursuite contre le président Bush pour les prisonniers de Guantanamo dont certains pourtant sont de nationalité française ?

29 avril

Déjeuner avec un avocat d'affaires français qui se rend souvent à Bagdad pour une multinationale et qui m'apporte un message de mon correspondant clandestin en Irak. Interview avec deux journalistes allemandes du journal *Tages-Spiegel*. Elles m'interrogent longuement sur ma vision esthétique des procès avec une connaissance parfaite de mes écrits. Interview avec le correspondant du *Soir* de Bruxelles, intéressé, lui, par la cohérence de ma vie : de Gaulle, le PC, le FLN et aujourd'hui ma défense des rois maudits par l'axe du Bien. Je tâche de lui en montrer la profonde cohérence : le combat contre l'humiliation, que cette humiliation soit celle d'un peuple ou d'un homme.

Un journaliste rentrant de Phnom Penh m'apporte un message de Khieu Samphan avec qui il s'est entretenu de longues heures. Il m'indique que le débat public que mon ami a initié a eu un large écho, que le nombre de ceux qui croient à sa culpabilité diminue de jour en jour, et il me donne de cette évolution un exemple pittoresque. Une dame auteur d'un livre contre les Khmers rouges, qui réclamait il y a un an qu'on le crucifie, demande aujourd'hui de ses nouvelles avec curiosité, ajoutant : « Nous sommes parents. »

30 avril

Une nouvelle ce matin, dans la presse, me touche : Daniel Bernard, l'ambassadeur de France à Alger, qui m'a reçu si aimablement il n'y a guère plus d'un mois, est mort hier à Paris. Le journal, pudique, parle d'une « longue maladie » ; c'est ainsi que, par une étrange discrétion, on désigne le cancer, mais j'avais remarqué, sur la main qu'il me tendait, d'étranges croûtes. Je suis sensible au physique des gens, à leur voix, au rythme de leurs paroles, à leur regard, à leur culture telle qu'elle s'exprime involontairement. Sa voix et son abord m'avaient séduit. A table, dans la douceur du printemps, il s'était laissé aller à des remarques sur le Cambodge qui, je le constatais avec plaisir, ne relevaient pas de la langue de bois. Je découvre aujourd'hui, dans ses propos, un seul demi-mensonge. Ambassadeur à Londres, m'avait-il dit, il avait, pour des raisons personnelles, souhaité être nommé à Alger. Il m'avait caché ce que la presse me révèle aujourd'hui : son départ de Londres avait été forcé à la suite de propos tenus imprudemment, « en privé », sur la politique d'Israël. Mais peut-être était-ce, de sa part, dans un pays arabe, un signe de délicatesse. Cet homme entrevu quelques heures est désormais pour moi un ami.

1er mai 2004

Les Français de Guantanamo

M. Colin Powell, le secrétaire d'Etat américain, vient d'annoncer la prochaine libération des citoyens français détenus à Guantanamo, le bagne américain en territoire cubain. J'espère qu'ils pourront dénoncer le régime inhumain et dégradant qui leur a été infligé deux ans durant. Si un tel bagne avait existé dans une république africaine, la FIDH et la ligue française du même nom n'auraient pas manqué de porter plainte en France et il se serait toujours trouvé un tribunal, comme celui de Meaux, pour s'en saisir et lancer contre le dirigeant de ce pays un mandat d'arrêt international. Pourquoi cette différence de traitement ? La réponse est simple : une démocratie ne commet pas de crimes contre l'humanité ni de crimes de guerre, et la démocratie est forcément occidentale. CQFD. Tout au plus, en cas de crimes trop flagrants, parlera-t-on de bavures qui engagent la responsabilité de sous-fifres et relèvent, non de la politique, mais de la psychologie des profondeurs. Si certains de ces prisonniers sont d'accord, c'est moi qui porterai plainte contre M. Bush et consorts devant la justice française et ce sera le moment d'arracher les masques, l'heure de vérité.

2 mai

Allegro moderato

Dans une lettre en date du 16 avril, M. le bâtonnier a répondu à ma lettre mais pas aux questions que je lui posais :

« Ne souhaitant en aucun cas entretenir une quelconque polémique avec un membre de mon Barreau, je ne vois aucune obligation de répondre à votre lettre du 2 avril et aux questions que vous posez sur le nombre des victimes, la présomption d'innocence, l'état d'esprit des criminels ou les grands crimes que l'Histoire a connus et connaîtra encore.

« En revanche, la courtoisie et les bonnes relations que nous entretenons m'invitent à vous répondre pour vous confirmer que l'image du Barreau – et la vôtre propre, mais vous en êtes le gardien – souffrent du manque de modération de vos propos tels que relatés par la presse, et qu'il est de mon devoir de vous en faire, avec modération, la remarque.

« A l'audience, au contraire, où la parole est libre et où s'impose la défense, vous pouvez agir comme bon vous semble...

« Par ailleurs, j'avais eu, bien sûr, écho de l'hommage qui vous avait été rendu, avec d'autres, à Alger : le courage, contesté par certains, dont vous avez fait preuve à cette époque et en ces circonstances, pourrait vous inviter de plus fort à la modération que j'évoque plus haut : plus que les excès, elle est la marque des grands tempéraments, peut-être des grands hommes.

« Je n'ai pas encore lu le dernier ouvrage que vous m'avez adressé et dont je vous ai remercié : peut-être y apprendrai-je quelque chose sur ces crimes d'Etat que vous dénoncez, cela ne changera rien au respect de nos Principes auxquels je vous invite itérativement.

« Veuillez croire, mon cher confrère, à l'assurance de mes sentiments dévoués. »

L'usage n'est pas de rendre publique une correspondance de caractère ordinal. Mais la lettre de M. le bâtonnier a été communiquée à la presse qui en a fait état « modérément ». Il est juste que mes lecteurs, moins nombreux que ceux d'un hebdomadaire, disposent du dossier dans son intégralité.

3 mai

Les photos de la honte

Prenant connaissance des photos de tortures publiées dans la presse américaine et anglaise, je laisse la parole à un journaliste modéré du *Journal du dimanche* pour les décrire. On ne peut pas l'accuser de parti pris : « Les images sont obscènes. Les prisonniers irakiens sont nus, prostrés dans des postures humiliantes, forcés de simuler des actes sexuels. Posant fièrement autour d'eux, des soldats américains, hommes et femmes, sont hilares. Sur l'un des clichés, une jeune soldate rit en pointant du doigt le sexe d'un prisonnier ne portant rien d'autre qu'un sac sur la tête. Les policiers militaires jouent avec ces créatures à leur merci. » Et « cela » se passe à la prison d'Abu Ghraib où les mêmes accusent les services du gouvernement baassiste d'avoir torturé. Quel symbole !

La mission des gradés était, selon l'un d'entre eux, « de préparer les détenus pour des interrogatoires menés par des civils de diverses agences de renseignement. " Généralement, on finit par les briser en quelques heures, se vantait-il avant son arrestation. Nous devions parfois utiliser la force pour faire coopérer les détenus, comme les règles le prévoient. On avait appris un peu d'arabe. Et s'ils ne voulaient pas écouter, alors parfois on les bousculait un peu ", a-t-il admis. Dans son Journal, il affirme que " les prisonniers étaient forcés de vivre dans des cellules glaciales... Le renseignement militaire nous avait donné pour instruction de les isoler dans des cellules avec peu ou pas de vêtements, pas de toilettes ni d'eau courante, pas de ventilation, pas de fenêtre " ».

Tout ce beau monde était commandé par une femme ayant titre de général. A la suite de ce scandale, elle est remplacée par le général Miller, responsable des tortures au bagne de Guantanamo. Que font les humanitaires ?

4 mai

Une presse adulte

Mon ami D.S., ancien patron de *Vogue,* qui fut mon compagnon dans les FFL, m'envoie de Londres un article du *Financial Times* concernant la défense de Saddam Hussein. A nouveau, je ne peux qu'admirer le professionnalisme de la presse anglo-saxonne.

Après avoir indiqué que « la liste de mes clients vient de l'enfer en grande partie », l'auteur analyse avec sérieux quelle sera ma stratégie en cas de procès. Citant un chercheur de l'Institut de politique étrangère de Philadelphie, il écrit : « La participation de Vergès indique que le procès a toutes les chances de devenir une arène internationale mêlant idéologie et politique », à quoi je réponds : « Dans une démocratie, chacun a le droit d'être défendu et personne ne peut être déclaré coupable avant un jugement par une cour impartiale. [...] L'utilisation des médias est un élément vital de la défense de ceux qui deviennent la cible du système. » Me dépeignant comme « celui qui trace la route pour les avocats de gauche du monde entier, à travers des tactiques agressives devant la cour », j'ai « transformé d'innombrables procès d'individus en forums d'agitation anti-impérialiste incontrôlables, dévoilant les différences de traitement *(double standards)* appliquées aujourd'hui aux nations et aux personnes par la realpolitik ». Il tire de ces prémisses la conclusion logique : « Mr Vergès se prépare à embarrasser les Etats-Unis. Il y a quelques semaines, un informateur anonyme lui a remis un dossier contenant les agréments américains de ventes d'armes à l'Irak, les transcriptions de conversations les concernant avec Henry Kissinger, et des mémos de la CIA remontant aussi loin que les années 60. [...] Mr Vergès déclare : Les Etats-Unis savent qu'un procès de Saddam basé sur l'utilisation d'armes de destruction massive serait difficile à mener, étant donné que ces armes ont été vendues à l'Irak par les Etats-Unis eux-mêmes. Le secrétaire à la Défense Donald Rumsfeld y tenait un rôle important. Si on veut juger les dirigeants irakiens dans ce contexte, alors il faut aussi juger ceux qui étaient leurs fournisseurs. »

Voilà comment j'aimerais qu'on écrive dans la presse française, objectivement, froidement, sans indignation hypocrite devant ce qui dérange – comme si on écrivait sous la surveillance d'un gouverneur, étranger par-dessus le marché. Et la leçon vient d'un journal anglo-saxon.

5 mai

CBS

Je suis passé à l'émission « Sixty Minutes » sur la chaîne CBS aux Etats-Unis. Un meneur de jeu honnête me donnait la parole puis, tour à tour, la passait au jeune psychiatre au visage de *lou ravi* qui expliquait ma vie à partir de ma date de naissance et ensuite à un Bernard-Henri Lévy véhément. Il ne m'était pas difficile de rester calme et souriant, d'apparaître avec mes positions prétendument extrêmes comme le plus raisonnable et le plus équilibré. Mais, pour être juste, la joute n'était pas égale. Je suis sûr de moi, ne me sens en danger devant aucun contradicteur. M. Lévy, tout riche (du commerce du bois africain) et tout adulé qu'il soit, n'est pas sûr de lui ; il se sent menacé par le calme de son contradicteur qui risque de convaincre l'opinion. Alors il s'emporte. Et, s'emportant, apparaît pour ce qu'il est : un imposteur fragile qui sait, tout en voulant l'ignorer, qu'il ne sera jamais André Malraux. Drieu La Rochelle aussi était fragile, néanmoins il était sincère dans sa folie. Mais pourquoi comparer l'incomparable ?

6 mai

Autocritique et reniement

Nous vivons une époque exécrable. La trahison y est reine. Heureusement que chaque jour, de-ci de-là, l'honneur me fait un signe. Dans une lettre dont la copie me parvient ce jour, Khieu, mon ami, répond à ces bonnes consciences qui lui assènent des exigences du genre : « Agenouillez-vous et faites votre mea culpa. »

« L'humilité est bien de ma propre nature. Je trouve cependant qu'il est plus important, dans le cas qui nous concerne, de transmettre à la jeunesse une vision juste des combats d'indépendance nationale, qui sont probablement le plus haut motif de fierté que l'on puisse lui léguer. Dans ce monde de déni de justice, où la loi du plus fort est toujours la meilleure, les leçons de dignité nationale, de luttes anti-colonialistes, des diverses tentatives de développement au service de l'indépendance nationale, des réflexions indépendantes sur l'histoire de son pays, restent à mon avis des éléments fondamentaux pour tenter de construire une pensée alternative. Je souligne " pensée alternative " pour que ces bonnes consciences ne me fassent pas dire ce que je n'ai pas dit. »

L'honneur n'exige pas d'être sourd aux critiques, ni aveugle aux erreurs qu'on a pu commettre. Il impose au contraire de les rechercher au travers d'une analyse sérieuse de ses actes. C'est la différence avec le reniement de ce que l'on a été de bonne foi, l'apostasie de ce en quoi l'on croit toujours. C'est le même écho, *mutatis mutandis,* que je retrouve dans les déclarations des détenus anciens membres d'Action directe, telles que les publie *Le Monde,* en particulier Régis Schleicher : « Il n'y aura pas de " regrets ", de " contrition ", de " repentir " ou de critiques publiques de ma part, parce que cela ne relève pas de la sphère du spectacle. »

7 mai

Brazzaville

En compagnie des Prs André Decoq et Charles Zorgbibe, avons rendu visite ce matin au président Sassou N'Guesso pour lui exposer la situation après l'affaire N'Denguet, le chef de la police incarcéré quelques heures sur décision des juges de Meaux, pour crimes contre l'humanité, puis libéré dans la nuit même sur décision de la cour d'appel. Cette affaire illustre parfaitement l'anarchie qui règne dans l'institution judiciaire puisque les juges de Meaux ont refusé de tenir compte de l'avis du Quai d'Orsay attestant que M. N'Denguet était en France en mission officielle. Nous faisons également le point sur la procédure intentée devant la Cour internationale de justice par l'Etat congolais contre l'Etat français, à partir du même cas de figure. Là encore, la faiblesse de l'Etat français apparaît puisque le chef du contentieux du Quai, trotskiste mal repenti, soutient un point de vue contraire à celui de son ministre ; de même qu'il affirme la compétence de la France pour des événements survenus au Congo et dont les protagonistes sont tous congolais, comme si le Congo était encore une colonie. Il n'y a pire colonialistes que les colonialistes d'extrême gauche.

8 mai

L'Autre encore, toujours

Quand je voyage, son ombre me suit mais elle ne dispose plus de lieux où se cacher et, quelle que soit la forme de ses déguisements, je la découvre qui sans cesse m'interroge avec la patience d'un juge, d'une amante, d'un ami : qui es-tu ?

Je perce tous les secrets
De sa présence
Quand une chouette me fixe
Je reconnais son œil
Quand m'effleure le vent
Je devine sa main
Et, dans le sable, ce sont ses traces
Que je suis, non celles des iguanes
Elle monte des lagunes
Submerge les collines
Les flamboyants lèvent
Leurs bras en feu pour se rendre
Le ciel est un miroir
Où croisent des frégates blanches
Mes lèvres sur ses lèvres de glace
Goûtent la patience des siècles.

9 mai

Aujourd'hui, j'ai rendez-vous avec D. S. qui m'a envoyé la semaine dernière cet article du *Financial Times.* Nous nous sommes connus en Angleterre dans les FFL. Pendant la guerre, nous ne nous sommes pas perdus de vue. La paix survenue, il est devenu P-DG d'une maison d'édition américaine. Quand j'ai accepté de défendre Barbie, il y a eu un froid entre nous, non pas une fâcherie, un froid. Il m'a donné signe de vie de temps en temps, tout en me reprochant mon choix, puis a disparu. D'autres amis, au barreau, m'ont tourné le dos. Ils attendaient que je leur demande une explication et je les ai déçus, heureux que, d'eux-mêmes, ils se soient exclus de mon entourage avant que je m'aperçoive moi-même qu'ils n'étaient pas dignes de mon amitié. Pour D. S., le cas est différent. Il a su raison garder. C'est pourquoi sa lettre m'a fait plaisir. Il me dit son agacement de voir (à la télé) mes cheveux moins blancs que les siens et moins de rides sur mon visage ; il m'invite à lui faire signe quand je passerai à Londres.

C'est lui qui aujourd'hui est venu me voir à Paris. Nous avons fait ensemble un bon repas, arrosé de bon vin, évoqué le passé et ri. Je l'ai accompagné ensuite à la gare du Nord et lui ai dit au revoir comme à quelqu'un qu'on n'attendait plus.

10 mai

Les rapports de la Croix-Rouge et d'Amnesty International mettent en cause non seulement les Américains mais aussi les Anglais dans les crimes de guerre commis en Irak. C'est la brèche par où opérer la percée judiciaire. Nous ne pouvons en effet poursuivre les Américains devant la Cour pénale internationale puisqu'ils n'ont pas ratifié le statut de la cour, mais les Anglais l'ayant fait, nous pouvons les poursuivre pour les crimes qu'ils ont commis eux-mêmes comme auteurs principaux et comme complices des crimes commis par les Américains que nous rattrapons par la chemise. Nous éviterons ainsi l'impasse dans laquelle s'est engagé un confrère suisse auprès du service des enquêtes criminelles de la police militaire américaine en Irak pour les crimes commis par des Américains sur ordre de leurs chefs, le général Sanchez sur place et M. Rumsfeld aux Etats-Unis.

11 mai

Signature de livres aujourd'hui à la FNAC de Rennes. La salle est pleine. C'est un ancien bâtonnier, très spirituel, qui mène les débats. Beaucoup de questions classiques... dans une démocratie malade.

Par exemple :

Comment peut-on défendre des indéfendables ?

— Dans une démocratie saine, tout le monde doit être défendu, et un accusé ne peut être condamné (et devenir indéfendable) qu'après avoir été défendu.

Comment réagissez-vous lorsqu'un coupable est acquitté à la suite d'une brillante plaidoirie ?

— S'il est acquitté, c'est qu'il y avait au moins un doute sur sa culpabilité ; la décision est juste et l'avocat ne peut que s'en réjouir ; si la preuve de sa culpabilité n'a pas été apportée, c'est la responsabilité de l'accusation et non pas celle de la défense.

La salle prend plaisir aux débats sauf une militante d'extrême gauche qui me reproche de défendre des dictateurs : « Je vous aimais, me dit-elle, la voix rageuse, au temps de la guerre d'Algérie, mais plus aujourd'hui. » Je lui réponds que j'en suis inconsolable, et elle est la seule à ne pas rire.

12 mai

La plainte enfin rédigée a été faxée au procureur général de la CPI. C'est le palmarès sordide et sanglant des troupes de la coalition. Prévenant une objection de la cour (les juges sont courageux mais pas téméraires, et il ne s'agit pas de poursuivre les îles Fidji ou le Zimbabwe, mais les Etats-Unis d'Amérique et le Royaume-Uni), prévenant donc l'objection selon laquelle des poursuites sont déjà engagées par les juges militaires américains et britanniques contre les auteurs des crimes, nous faisons la preuve qu'il ne s'agit pas d'actes isolés ; comme l'écrit le CICR, nous avons affaire à un « système », et ce sont les responsables de ce système que nous demandons aux juges internationaux de condamner. Notre plainte, signée de confrères algériens, sénégalais et français, se termine par cette mise en garde : « La Cour, pour être crédible, ne peut connaître de poursuites contre une secte politico-religieuse en Ouganda et décliner sa responsabilité devant des crimes flagrants dont s'émeut l'opinion mondiale. »

13 mai

Les médias étrangers réagissent plus fortement que les médias français à notre plainte. Reuter, l'agence Bloomberg (propriété du maire de New York), le *New York Times*, la radio canadienne, Radio Alger, la BBC, l'Associated Press, *El-Hayat*. En France, l'AFP, que nous avions informée en premier, a passé une dépêche ; RMC, RFM, France Inter m'ont interviewé.

14 mai

Longue interview du *Times*, du *Mail on Sunday* et de la BBC à nouveau. J'ai déjeuné à la Closerie des Lilas avec Bernard Debré, pour lui témoigner ma sympathie après le coup fourré que lui a réservé l'UMP. Alors que Chirac, Juppé, Raffarin lui avaient directement ou indirectement exprimé leur soutien pour sa candidature à l'élection législative partielle dans le 16e arrondissement, l'UMP vient de donner son investiture à M. Dominati. Debré a heureusement le soutien du député sortant, celui de Raymond Barre et de Pierre Messmer. Justement, au dessert, nous voyons arriver Raymond Barre et Madame. Nous allons tous deux les saluer. Raymond Barre et moi nous embrassons : les souvenirs de notre adolescence, passée ensemble au lycée Leconte-de-Lisle, à Saint-Denis-de-la-Réunion, deviennent de plus en plus forts avec l'âge qui avance. Mme Barre, aimable, me dit que son père était avocat, et je sens chez elle le désir de me questionner.

15 mai

Mon confrère B., de Bagdad, a pu enfin avoir son visa pour me rencontrer. Je devine le courage qu'il lui faut pour accepter de défendre les réprouvés baassistes. Il m'indique que ses clients, une vingtaine sur les cinquante-deux dont la CIA a diffusé les photos sous forme de cartes de tarot, souhaiteraient me désigner et se joindre à ma plainte auprès de la CIJ. Contrairement à ce que les défenseurs de l'ordre nouveau pourraient prétendre, il ne roule pas sur l'or et a choisi un hôtel très modeste, dans le 15e arrondissement. Je serais heureux de travailler avec lui, mais la langue crée entre nous un obstacle difficile à franchir : il parle encore plus mal l'anglais que moi. Je lui donne rendez-vous pour demain dimanche et demanderai à mon fils Liess de nous servir d'interprète en arabe.

16 mai

J'ai passé l'après-midi à signer mes livres à la vente de Radio Courtoisie. Ils ont du succès et les chalands me posent beaucoup de questions. Ils comprennent très bien que je ne sois pas de leur chapelle, mais apprécient mon indépendance. Leurs regards sont lourds de questions, tandis que leur bouche esquisse un sourire amusé et curieux. Vladimir Dimitrievic vient me saluer et je vais à son stand saluer Vladimir Volkov. Après la vente, je saute dans un taxi pour retrouver B. chez moi, bientôt rejoint par Liess. Nous nous comprenons mieux. Je désire l'inviter à dîner, mais il décline mon invitation. Il est en effet très fatigué. Je lui donne rendez-vous pour lundi après-midi où j'ai convoqué pour l'entendre l'AFP, Associated Press et l'agence Reuter. L'interprète sera le bâtonnier Amar Bentoumi qui m'a annoncé par télégramme son arrivée à Paris.

17 mai

La conférence de presse s'est bien déroulée. B. a parlé de ses clients, soumis à des brimades moins graves que dans la prison d'Abou Ghraib, mais criminelles quand même : nudité forcée, privations de sommeil, interrogatoires de plusieurs heures debout. Longues conversations avec des exilés à Sana'a pour annoncer notre arrivée dans la nuit du 19 au 20. Ce soir, je dîne avec Amar dans un petit restaurant chinois : nous évoquerons nos souvenirs de la guerre d'Algérie.

18 mai

Repas avec une amie de Khieu à la brasserie Wepler, place de Clichy. Fille de militants communistes, elle a conservé l'approche moralisante des intellectuels honnêtes du PCF. Je la taquine en lui disant que la culture des communistes européens est une culture judéo-chrétienne où les notions de péché et de salut sont présentes ; le résultat est que, pour certains, le marxisme finit par apparaître comme un millénarisme. Ce qui n'est pas le cas des camarades asiatiques, spécialement chinois, dont la vision est beaucoup plus ouverte, beaucoup plus attachée au sel de la terre. Puis je vais au Palais de justice, dans la salle des Criées, où sévissait Fouquier-Tinville, m'informer du calendrier du procès des écoutes téléphoniques illégales de l'Elysée, qui aura lieu du 15 novembre 2004 au 10 mars 2005.

Je dîne ce soir dans un restaurant de poisson avec Denis Tillinac, le directeur des éditions de La Table Ronde, et ma collègue féministe du barreau de Dakar, Dior Diagne.

19 mai

Avant de prendre l'avion pour Sana'a, j'ai le temps de prendre connaissance de mon courrier et d'en retenir deux cartes amicales, l'une de Charles Dobzynski, rédacteur en chef de la revue *Europe*, qui me remercie de lui avoir adressé un livre de poèmes et m'écrit : « L'envoi de votre livre *Nocturne* m'a surpris et ravi. Surpris parce que j'ignorais que vous possédiez la corde du lyrisme à votre arc de parole. Corde d'un violon d'Ingres, peut-être ? Mais qui ne joue pas faux, bien au contraire [...] Votre parole tranche sur ce qu'on lit d'ordinaire. Elle est en dehors des modes et c'est peut-être ce qui la rend incommode ou dérangeante. »

L'autre carte, émouvante, est d'Irina Ionesco, photographe dont les œuvres célèbrent la mort et l'amour avec une grâce baudelairienne, et qui m'adresse le premier tome de son autobiographie : « Je vous envoie la première partie de mon roman biographique [...] J'ai le sentiment qu'il vous plaira... je vous adresse mon souvenir enchanté. De tous les avocats de Paris, c'est vous que je préfère, car vous êtes un sujet de roman. »

Je me moque que l'on me déteste, mais j'aime que l'on m'aime.

20-21 mai

Sana'a – Yémen

Après douze heures de vol, nous débarquons, Me B. et moi, à Sana'a, ville d'une beauté extraordinaire, située dans un cirque de montagnes à plus de 1 000 mètres d'altitude. Je parcours la vieille ville avec ses immeubles de sept étages, ses ruelles étroites, ses fenêtres en verre coloré, ses cadres de bois ajouré, ses échoppes. Le temps est clément, pas plus chaud qu'à Paris en cette saison. Je rencontre au Sofitel la sœur, la bru (veuve de Oudaï, tué par la coalition), les beaux-frères, le neveu de Saddam Hussein à qui je rends compte de l'action que je mène et de mes projets. La sœur de Saddam me désigne ; d'autres désignations vont suivre de la parentèle, mais l'épouse, réfugiée à X, est tenue à la plus grande discrétion, à la demande des autorités locales. L'action que je poursuis doit être largement médiatisée pour être efficace. Il est convenu que je reviendrai dans les quinze jours faire le point. J'ai l'intention entre-temps d'écrire un pamphlet pour dénoncer les crimes de la coalition.

22 mai

Je profite du calme de ce week-end pour établir le plan de mon pamphlet. Ce seront de brèves réflexions à partir des photos d'atrocités qui circulent. Il s'agit d'exposer le visage obscène que la démocratie peut prendre, démocratie par ailleurs si prodigue de leçons à l'égard du tiers monde. J'en reviens à l'opposition entre droits de l'homme et dignité humaine. Dois-je dire que la vue des femmes vêtues de noir et voilées que j'ai croisées dans les rues de Sana'a me choque moins que la photo d'une jeune Américaine dévoilée, souriante, montrant du doigt le sexe d'un prisonnier que ses gardes ont dévêtu ? Ou encore ces autres photos (que l'on cache) où ceux qui sont venus chez elles instaurer le règne de la démocratie forcent des prisonnières à montrer leurs seins ?

23 mai

L'histoire, comme on le sait, commence à Sumer, c'est-à-dire en Irak. C'est là que sont nées l'écriture, les notions de cité, d'Etat et d'empire. C'est là que les hommes ont créé les premiers codes pour régir la cité par la loi. C'est là, avant la Grèce, qu'est née la démocratie. Les rois des cités, avant de décider de la guerre ou de la paix, consultaient l'assemblée des notables puis celle du peuple, les hommes en âge de porter les armes. N'ayant pas, pour l'Antiquité, le mépris de M. Rumsfeld, nous ne pouvons qu'être bouleversés à l'idée que cet homme nu sur une photo, couvert d'excréments, menacé d'un bâton par un GI, est le descendant des antiques cités d'Ur, d'Elam, d'Akad et de Sumer.

24 mai

Ce qui inquiète le plus, dans les photos des tortures en Irak, est l'humiliation ajoutée à la souffrance. Ici, une jeune soldate tient en laisse un homme nu, le visage ensanglanté, n'ayant même plus la force de marcher à quatre pattes, un mourant. Là, un couple contemple un amoncellement de prisonniers nus. Là, le photographe éternise pour nous – et pour eux – l'image de deux prisonniers nus contraints à se livrer à une fellation. L'homme est symboliquement réduit à l'animalité ou pis encore, comme dans le cas de l'amoncellement des corps, à n'être plus qu'un objet. De Gaulle qualifiait les combattants du FLN de « braves », le général Myers qualifie les combattants irakiens de Fallouja de « rats ». Il y a deux visions du monde.

25 mai

Dans les photos, que je ne cesse d'examiner, un détail aujourd'hui me frappe : l'indifférence des tortionnaires à la souffrance et à l'humiliation des prisonniers. Sur le visage des jeunes GI et des jeunes soldates, je n'aperçois ni sentiment, ni compassion ni haine. Comme s'ils ne considéraient plus leurs victimes comme des êtres humains. Me fascine en particulier cette photo où une jeune femme, en apparence normale, rit en désignant de sa main gantée le visage d'un prisonnier mort sous la torture, un chiffon sale enfoncé dans les orbites.

26 mai

Pour les croisés du Bien, ni la vie ni la mort ne sont sacrées. Quel retour en arrière si nous pensons à ces hommes de Neandertal recouvrant de fleurs les cadavres qu'ils inhumaient ! Dans ce dossier, le tabou du sexe lui-même n'existe plus. Le spectacle des prisonniers contraints à l'exhibitionnisme n'inspire à leurs bourreaux qu'un rire niais et, pourrait-on dire, innocent, comme si les prisonniers n'appartenaient plus à l'espèce humaine, comme s'ils n'étaient plus que des insectes.

27 mai

Deux réflexions : ces photos prouvent que la torture n'était pas le fait de quelques individus isolés, en cachette, mais qu'elle était admise, connue au moins des supérieurs. Elles constituent des souvenirs de vacances dont on n'a pas à rougir, dont le pittoresque va constituer au contraire l'objet de conversations au retour des héros aux Etats-Unis. On peut penser aussi qu'elles constituent un élément de chantage contre les suppliciés dans une société où le sexe est tabou. Et cela implique non pas seulement la tolérance de la hiérarchie, mais son ordre. Dans l'histoire des guerres, on a assisté à beaucoup d'ignominies, mais c'est la première fois que la souffrance sexuelle est devenue une arme de guerre. Loin d'assister à la fin de l'histoire, comme on l'a proclamé trop tôt au bord du Potomac, nous assistons au contraire à un retour de la barbarie.

28 mai

Travail terminé. Je peux consacrer les quatre jours qui viennent, week-end prolongé, à rêver : rêveries pour les uns, cauchemars pour les autres.

Les fleurs parlent
Mais personne ne les entend
Elles se déplacent aussi
Mais personne ne les voit
Les arbres la nuit
Poursuivent les bêtes
Qu'ils ont tourmentées le jour
C'est l'heure où mes mortes
Quittent leurs termitières
Agitant leurs crécelles
Et cueillent sur ma tête
De leurs doigts d'ivoire
Des bouquets de palpitantes méduses

29 mai

Dans la ville qui revit
Des oiseaux de paradis jaillissent
Gerbes de feu des carcasses des chars calcinés
Une lionne somnole dans l'avenue
Le vent mêle rêves et cendres
Sur les toits s'accouplent des varans
Dans le métro un enfant poursuit
Des policiers en uniforme
Des corps vitrifiés veillent sur les parkings
Un barbare sourit au dernier citoyen de l'Empire.

30 mai

Le cadavre du camarade apparut
La tête enfoncée à la place du cœur
Des insectes dessinaient des larmes
Irisées sous ses yeux
Le cœur à la place de la tête
Vivait encore d'une vie fébrile
Lançant dans le vent
Des tentacules rouges
Où se pressaient les mouches
Nous étions arrivés trop tard
Assis sur une souche
Notre responsable pleurait
Et moi je haïssais.

31 mai

La statue de la Liberté titube
Dans les rues où retentissent
Les chants venus des antipodes
Et s'allument des feux rituels
Puis s'effondre dans le port
Et
Mon ange m'offre
Deux escarboucles pour éclairer ma nuit
Deux oreillers violets pour poser mes lèvres
Deux ogives de bronze pour agacer mes mains
Un delta de barbelés noirs où enfermer mes rêves
Et
Ajoute son énigme à la beauté du monde.

1er juin 2004

Les anges du mal
Se jettent sur leurs proies de métal
Sang contre acier
Leur sang va recouvrir le monde
Pruine sur le fruit qu'un enfant dévore
Sel sur les lèvres que lèche l'amante
Les saluent
Dans leurs cellules les prisonniers
Planifiant des meurtres en série
Les trépassés qui viennent en foule
Aborigènes chassés à courre
Femmes d'Hiroshima réduites en cendres
Enfants d'Irak tués par la faim
Enfants du Vietnam brûlés au napalm
Ecouter Abraham Lincoln
Et Walt Whitman
Leur demander pardon.

2 juin

Selon le *New York Times*, que je lis avec retard, trois GI ont été condamnés à une simple amende pour avoir violé une prisonnière irakienne. Demain un voyagiste astucieux pourra organiser *via* l'armée américaine un tourisme sexuel pour amateur de viols. Une spécialité qui n'existe pas encore : on vend déjà des femmes soumises et même des enfants, mais pas encore des femmes qui refusent et se débattent, pleurent et se suicident.

Passé toute la journée avec la BBC, y compris le repas de midi chez Charlot, le restaurant de poisson, place Clichy. J'ai l'impression qu'ils ont bien noté mes quatre apports à la profession :

— concevoir l'avocature comme un art ayant sa place entre le roman et le théâtre ;

— conceptualiser la défense de rupture, pratiquée déjà par Antigone, mais pour la première fois définie dans son contexte et son propos ;

— faire appel aux médias à l'heure où leur influence se fait décisive ;

— ne plus limiter le champ d'activité de la défense au territoire national ou linguistique ; l'avoir élargi aux dimensions de la mondialisation.

La journaliste qui m'interviewe ce matin m'apprend – peut-être pour me rendre son pays sympathique – que le prince héritier envisage de faire un mariage d'amour. C'est un signe, lui dis-je, que la royauté est à bout de souffle. Quand l'institution royale est forte, les mariages doivent être de raison.

3 juin

Longue conversation au téléphone avec le bâtonnier Magnée pour sa plaidoirie au procès Dutroux dont je ne connais pas encore l'écho en Belgique, mais dont la presse en France salue l'éloquence et l'efficacité. Le journal *Libération* résume ainsi le compliment : « Xavier Magnée, disciple belge de Jacques Vergès, a appris de son maître trois préceptes : nulle cause n'est indéfendable ; une bonne plaidoirie s'énonce lentement ; et la meilleure stratégie est toujours celle de la rupture. »

La rupture, à Arlon, dans ce procès qui pose un problème de société devenu aigu – l'usage des enfants pour des plaisirs nouveaux, d'abord dans le tiers monde, puis par un sinistre retour de bâton en Europe même – consiste à exiger toute la vérité et non un morceau seulement. Or, dans le dossier Dutroux, Magnée relève tant d'erreurs, d'aveuglement qu'on se demande à juste titre si on n'a pas reculé devant la vérité, c'est-à-dire l'existence d'un réseau d'amateurs qui, plutôt que d'aller en Asie ou en Afrique, préféraient tout simplement se faire servir sur place. Plaidant cela, Magnée, comme l'écrit *Libération,* sème le doute. Et, selon *Le Figaro,* le jury repart en charge d'une terrible mission : « dire au pays tout entier si ce procès est fini ou s'il ne l'est pas ».

4 juin

Journée bien remplie à Bruxelles

6.50	Départ de l'hôtel.
7.15-9.00	Journal parlé de la RTBF, Radio Une, en direct avec Pierre Jacqmin et Anne-Michèle Cremer.

Retour à l'hôtel

9.30	Entretien avec Dominique Berns du quotidien *Le Soir.*
10.40	Enregistrement d'une séquence pour le journal parlé de Radio-Nostalgie.
11.30	Enregistrement de l'émission de radio « A vous de voir » (RTBF-VivaCité.)
12.00	Intervention dans l'émission « Culture Club ».
12.30	Journal télévisé de la RTBF en direct.
13.30	Déjeuner avec Laurent Arnauts du « Journal du mardi ».
14.13	Entretien avec Hubert Leclerc du quotidien *La Dernière Heure.*
14.45	Entretien téléphonique avec Michel Paquot pour le quotidien *Vers l'avenir.*
15.15	Entretien avec Yannick Hallet pour le quotidien *La Meuse-La Capitale.*
16.00	Enregistrement de l'émission de radio « Face à l'info » présentée par Eddy Cackelberghs.
17.00	Rencontre avec Pascal Laurent pour Radio-Campus.
18.30	Journal télévisé de la chaîne AB3 en direct.

Au dernier journal télévisé, mon ami Xavier Magnée était présent. Nous sommes tombés dans les bras l'un de l'autre. A Bruxelles, quelqu'un qui se présente comme mon filleul peut être bâtonnier. A Paris, ce n'est pas encore demain la veille.

5 juin

Je reçois un courrier de mon ami Khieu : La Voix de l'Amérique a annoncé, « de source officielle », que des mandats d'arrêt avaient été lancés contre lui et Nuon Chea. « Du coup, m'écrit-il, je suis pris d'assaut par des coups de téléphone de la part de mes amis aussi bien que de la presse. » Le porte-parole du gouvernement a démenti, mais le procureur général, tout en démentant lui aussi, indique avoir informé les procureurs des tribunaux de Battambang, Banteay, Chey et Siem Reap qu'une pétition émanant de certains députés et d'ONG réclamait l'arrestation des dirigeants khmers rouges encore en vie. Pour contrer cette propagande, je vais préparer un voyage aussitôt que possible avec un journaliste américain et Me Dior Diagne du barreau de Dakar.

6 juin

On ne pouvait circuler hier dans Paris : la cause en est le plan Vigipirate déclenché pour que les dirigeants du « monde libre » et M. Poutine puissent célébrer le débarquement allié de 1944. Les journaux sont pleins aujourd'hui des photos du « jour le plus long » (c'est le mot de passe du conformisme) et des souvenirs *people* de quelques vétérans gâteux. C'est le triomphe de l'imposture. De telles célébrations solennelles ne m'émeuvent que lorsqu'elles ont un sens et rappellent le passé glorieux pour de nouveaux combats. Ainsi, quand, face à Hitler, Staline faisait revivre le souvenir d'Alexandre Nevski ou de Koutousov. Mais qui, parmi la bande de bras cassés qui vont célébrer l'événement, est prêt à mourir pour une cause, quelle qu'elle soit ? La présence de M. Bush, patron des tortures en Irak, ne fait qu'ajouter l'indécence à l'imposture.

La célébration la plus sincère, la plus digne et la plus heureuse d'un tel événement est celle que l'on organise entre vétérans autour d'un repas de fête. Après l'appel des morts et des espoirs déçus, on éprouve la joie d'être encore là et de pouvoir rire du courage vécu, toujours plus gai que sa fausse légende.

7 juin

Reçu la visite d'un aviateur de nationalité ivoirienne ayant séjourné plus de vingt ans aux Etats-Unis. Cet homme avait le tort de donner des cours de pilotage à des élèves pour la plupart d'origine africaine comme lui. Considéré comme « le vingtième pirate », arrêté trois jours après l'attentat du 11 septembre 2001, il aura passé quatorze mois en prison avant d'être libéré, faute de preuves. Il me demande, ainsi qu'à mon ami Gakou, du Mali, de poursuivre le gouvernement américain pour son incarcération arbitraire et raconte sa mésaventure dans un manuscrit qu'il me remet. Il me demande d'en écrire la préface et de lui trouver un éditeur. Devenu ami de Zaccaria Moussaoui en prison, il me demande également d'assurer sa défense, mais sa demande arrive un peu tard. En juillet, date prévue pour le procès, je serai à Pailin, au Cambodge, auprès de Khieu Samphan. Mon ami Gakou, qui accompagne le visiteur, m'a apporté des mangues succulentes du Mali. Elles sont très mûres et je devrai ce soir, avant mon départ demain pour le Yémen, en faire de la confiture.

8 juin

Paris-Beyrouth

Les longs voyages m'incitent à la rêverie. Dans l'avion qui me conduit à Beyrouth, ne pouvant fumer, je hume de temps en temps l'arôme d'un cigare fraîchement éteint. Un Rey del Mundo, un roi du monde. Fantasme. Il n'y a de roi que de soi-même. C'est la seule royauté qui ait un sens puisque c'est nous qui le lui donnons. Méfions-nous des applaudissements prématurés encore plus que des huées dans notre course vers la surprise du dernier jour. Une vie accomplie, comme une belle peinture, exige le silence.

Beyrouth-Sana'a

Classe touriste. Les femmes qui embarquent ont toutes la même tunique noire, la même élégance et les mêmes yeux insondables. Je relis Heidegger, non *Etre et Temps,* mais ses textes plus récents et tombe sur cette phrase :

« L'agriculture est maintenant une industrie alimentaire motorisée ; quant à l'essence, la même que la fabrication de cadavres dans les chambres à gaz et les camps d'extermination, la même que les blocus et la réduction de pays à la famine, la même que la fabrication de bombes à hydrogène. »

On croirait entendre Speer à Nuremberg. Paradoxe ? Peut-être. Prométhée voulait libérer l'humanité, la technique vise à l'asservir.

9 juin

Rendez-vous ce matin avec un émissaire de la famille. Tous me mandatent pour la défense du prisonnier. La sœur, le frère, le fils, une des filles, le neveu, les brus. La polémique engagée contre moi par mon confrère d'Amman ne leur a pas échappé. C'est contre la torture qu'on doit polémiquer, pas contre un confrère. Ils m'approuvent de ne plus répondre à ce personnage qui cherche seulement à se faire un nom. Je les informe de la sortie de mon pamphlet en septembre et leur demande de me faire parvenir avant le 1er août tous les documents qui peuvent me servir. A propos de l'utilisation des photos de viols et d'actes de sodomie subis par les prisonniers, ils éprouvent une extrême pudeur – dans l'intérêt des victimes. Une solution serait de flouer le visage et parfois la silhouette des victimes, mais laisser apparaître clairement le visage des bourreaux.

Repas en ville, dans une auberge ordinaire. Grandes tables de marbre sans nappe, sur lesquelles le serveur jette une énorme galette grillée avant de nous servir un poisson goûteux, énorme, fendu en deux et grillé lui aussi. Je pense à d'autres repas simples, assis sur des pierres chez des paysans, dans un village de montagne, à la Réunion ou près d'Alger, autour d'une grande soupière où nous puisions tous avec des cuillères en bois. Bonheur et calme. Partage silencieux.

10 juin

En attendant le rendez-vous de ce soir, j'ai le temps de lire le livre de Michael Moore paru en octobre 2003 : *Mike contre-attaque.* Je découvre, étonné, un Américain franchouillard, faux naïf et plein d'humour avec ses idées pour résoudre la crise de civilisation aux Etats-Unis dont la prétention prête involontairement à rire. J'en retiens ce passage sur le Cambodge : « Après que les Américains ont abreuvé de bombes un peuple aussi paisible que les Cambodgiens – qui avaient su rester neutres dans le conflit vietnamien –, en faisant des centaines de milliers de victimes parmi la population civile, on n'aurait pas dû trouver tellement surprenante l'hécatombe qui a suivi, quand les Khmers rouges ont pris le pouvoir... Parfois les gens pètent complètement les plombs face à l'oppression, et prennent des mesures excessives et totalement irrationnelles pour se défendre. » Accepterait-il de témoigner au procès de Khieu Samphan ?

11 juin

Sana'a

La nuit dernière, j'ai veillé jusqu'à minuit dans le jardin de l'hôtel. Aucune brise, aucun souffle d'air : les feuilles des arbres au bord du bassin restaient immobiles, sans même un frémissement. Le ciel était sans étoiles. De temps en temps, un militaire (policier) passait et me jetait un regard distrait. Je commence à faire partie du paysage. Quand, tout d'un coup, sortant d'un couloir, une silhouette noire a laissé distraitement, en passant, un mot sur ma table. De retour dans ma chambre, j'ouvrais le message qui consistait en un mot écrit en arabe.

Beyrouth

Un ami qui m'attend m'a traduit ce mot : « Bravo. » Je le retournerai souvent entre mes doigts dans l'avion qui me conduit à Paris. Je sais qu'il n'est pas équivoque, qu'il s'agit simplement d'un message de solidarité pour le combat que je mène et qu'il a fallu beaucoup de courage à ma correspondante anonyme pour accomplir ce geste.

Ici, la presse française, que je retrouve, est pleine des obscénités de la guerre menée au nom des Droits de l'homme par les démocrates.

Je suis infiniment heureux.

12 juin

Débat à 11 heures à la Maison de la radio, organisé par l'Association de la presse pan-africaine. Nous sommes deux invités : Gaston Kelman, auteur de *Je suis Noir et je n'aime pas le manioc,* militant de l'intégration, et moi-même. Une Mauritanienne noire lui porte la contradiction. Débat passionnant. « Je porte mon identité sur mon visage », dit-elle, montrant sur sa tempe deux scarifications. « Mon identité, répond-il, est en moi. » Il cite Césaire et Tirolien, elle cite Senghor.

A mon tour de répondre aux questions. Celle-ci est la plus brûlante : « Comment pouvez-vous dénoncer le crime et défendre ensuite le criminel ? » (allusion à mon engagement dans la France libre et ma défense de Barbie). Ma réponse est simple : je ne suis pas pour absoudre le crime mais pour trouver son cheminement et par là même amener les juges à s'interroger. Barbie n'est pas pire que l'officier US bombardant des civils au napalm. Comment la République a-t-elle pu faire d'Aussaresses, un résistant, ce qu'il est devenu ? Kadidia la Mauritanienne me demande si j'aime Dostoïevski.

13 juin

Je me repose enfin et peux déguster un cigare silencieusement. « Belle feuille indienne, réconfort des méditatifs, délice des rêveurs architectes de l'air », selon José Martí, le grand poète cubain. Je lis les critiques des films nouveaux, dont celle de *Libération,* consacrée à Emir Kusturica, avec cette appréciation d'un inquisiteur mou : « E. Kusturica crée le malaise avec un film délirant mais idéologiquement douteux. [...] Un génie proprement musical aussi, qui pourrait placer le cinéaste du côté des grands enchanteurs lyriques, comme Minnelli ou Fellini. Si seulement Kusturica ne cultivait pas jusqu'au malaise l'ambiguïté politique sur cet événement de notre histoire immédiate : la guerre de Yougoslavie. »

Je me console en répondant à mon confrère de Rouen, Sébastien Mauthen, ancien premier secrétaire de la Conférence, qui m'écrit : « Face aux nombreuses critiques dont vous faites l'objet, je tiens par la présente à vous manifester mon soutien dans la défense de l'ancien chef d'Etat irakien. Votre intervention constituera une des garanties d'un procès équitable contre les risques d'une justice de façade qui ferait le jeu de certains.

« Je regrette qu'une certaine opinion publique ne saisisse pas cet intérêt pourtant majeur dans un dossier où l'application du droit est menacée par des intérêts politiques. »

Ainsi, un bain de mousse peut nous laver d'un jet de salive.

14 juin

Je reçois un message, ce matin, très étrange. Un citoyen du Nouveau Monde, d'origine arabe d'après son nom, m'informe qu'à la veille de la guerre contre l'Irak il était porteur d'une lettre de Saddam Hussein acceptant de démissionner pour éviter à son peuple les malheurs de la guerre. Mais, suivi par la CIA, il a été arrêté et le document saisi ; puis il a été libéré. Entre-temps la guerre avait éclaté. Il me donne son adresse dans un Etat arabe particulièrement lié aux Etats-Unis, et le nom et les coordonnées de son avocat américain. Je demanderai à Tarek, s'il passe ce soir, d'appeler cet homme et de déterminer s'il s'agit d'un illuminé, d'un farceur, d'un provocateur ou de quelqu'un de sérieux. Je demande à Hélène d'appeler l'avocat de chez elle, ce soir, dans le même but L'homme rationnel en moi me suggère : si telle était l'intention de Saddam Hussein, son message disparu, il pouvait répéter son offre à la radio. L'intuitif en moi répond : la guerre commencée, il était trop tard, et son offre, loin de stopper l'invasion, n'aurait fait que désarmer moralement ses troupes. L'information m'apparaît invraisemblable, mais je me dois de la contrôler.

15 juin

Une conférence de presse était prévue aujourd'hui à 15 heures, mais juste auparavant, pendant la conférence et après, quatre dépêches sont tombées :

— une du CICR sommant les autorités d'occupation de libérer Saddam Hussein ou de l'inculper avant le 30 juin ;

— une de la commission gouvernementale nommée par les Américains, déclarant que Saddam Hussein leur sera livré le 30 juin ;

— une autre des autorités d'occupation déclarant qu'il sera livré en temps opportun ;

— une autre encore de M. Chalabi junior déclarant que le procès ne pourrait pas avoir lieu avant deux ans.

Les débats en ont été plus intéressants. J'estime que le tribunal irakien est illégal tant qu'il n'y aura pas un gouvernement issu d'élections libres, une Constitution et une autorité judiciaire régulière, ce qui n'est pas le cas. Un de mes clients m'appelle du Yémen. Je lui promets, au cas où Saddam Hussein serait inculpé, que je me rendrai à Bagdad le voir.

16 juin

La vie quotidienne

La correspondante de la revue américaine *Foreign Affairs* est venue m'interviewer. Je suis étonné par la méticulosité de sa recherche sur mon activité professionnelle. Elle m'a ainsi fait revivre plusieurs affaires dont la presse ne s'est pas saisie :

— l'histoire de ces jeunes chômeurs qui avaient volé une vache, l'avaient tuée et dépecée dans un parking où ils s'étaient fait prendre ;

— de ce jeune Maghrébin adopté par un couple riche et stérile qui, ayant appris son origine, a fini par rejoindre un groupe de jeunes paumés ; devenu leur gourou, l'histoire s'est terminée à la cour d'assises des mineurs à la suite du meurtre d'un de ses favoris par un autre jaloux ;

— celle de cette prostituée très belle que son amant difforme avait fait travailler dans une vitrine à Anvers et qui, trahie, lui réclamait la restitution de ses économies ;

— celle de ce fils de bonne famille qui, surpris par des policiers dans une villa qu'il cambriolait, avait montré une telle assurance qu'ils l'avaient pris pour le propriétaire des lieux ;

— enfin ce jeune homme qui avait aidé une jeune fille parricide à camoufler son crime en incendiant la voiture où se trouvait le cadavre du père ; en prison il était devenu homosexuel.

17 juin

Journée remplie. Arrivé à Toulouse à 10 heures ce matin, je n'ai repris l'avion de retour qu'à 20 h 40. Entre-temps, j'ai donné quatre interviews, deux à la presse écrite, deux à la radio, et fait deux conférences, l'une, à la FNAC avec signature de livres sur le sujet « Peut-on défendre l'indéfendable ? », l'autre, à l'université des Sciences sociales sur « La passion de défendre ».

Je rentre avec deux lettres dont je prendrai connaissance dans l'avion. La première émane d'une jeune femme étudiante, pathétique, commençant par ces mots calligraphiés : « Je suis trop pauvre, proche du sans domicile fixe pour prétendre à une seule seconde de votre temps de vie. » Je vais lui répondre par une longue lettre.

L'autre émane d'une doctorante en droit qui me propose une étude de mes tics de langage : « Ce n'est pas seulement dans le déroulé de sa phrase qu'un homme dit la vérité de sa pensée et de sa vie. Elle est sûrement contenue en filigrane dans ces expressions de début de texte, dans ces mots de liaison, dans ces relances syntaxiques que sont ces tics de la langue, tels que : à vrai dire, en d'autres temps, quand pour une raison ou pour une autre... Ces mots que l'on croit banals et anodins sont employés, parfois à notre insu, parfois en toute conscience, mais toujours à bon escient. Les raccourcis qu'ils induisent, les sous-entendus qu'ils soulignent, recèlent dans leur elliptique efficacité la complexité d'une existence. » A elle aussi, je réponds oui.

18 juin

Je traîne depuis mon retour de Sana'a une crise d'allergie qui guérit lentement mais m'épuise. Je me repose aujourd'hui en relisant *L'Art de la guerre* de Sunzi dont je retiens ces préceptes : « Il faut chercher en l'occurrence à abattre le moral des troupes ennemies et à ébranler la volonté de leurs généraux. Les troupes font preuve d'un moral d'acier au début, d'un moral relâché quelque temps après et se montrent épuisées à la fin. » C'est l'intérêt de faire durer un procès. « Les règles de la conduite des opérations sont semblables à l'écoulement de l'eau. De même que le flot contourne les hauteurs et s'en va vers les basses terres, les opérations ont pour but d'éviter les points forts de l'ennemi et de s'en prendre à ses points faibles. » Plaidant pour un terroriste, nous insistons sur la torture à laquelle il a été soumis, plus que sur le nombre de victimes de son attentat. « C'est pourquoi on dit : celui qui connaît son adversaire et se connaît lui-même peut livrer cent batailles sans aucun risque; celui qui ne connaît pas son adversaire mais se connaît soi-même a autant de chances de gagner que de perdre; celui qui ne connaît pas son adversaire et ne se connaît pas soi-même perdra toutes les batailles. » Les militaires, pendant la guerre d'Algérie, me prenaient pour un traître. Ils se trompaient. Je les prenais pour ce qu'ils étaient : des gens bornés. J'étais sûr de leur faire perdre leur sang-froid. « On a raison de dire : " Connaître son adversaire et se connaître soi-même permet de remporter la victoire sans aucun risque; connaître le moment de l'attaque et les conditions du terrain, c'est s'assurer une victoire absolue. " »

19 juin

Je suis venu aujourd'hui à Genève spécialement pour m'incliner, en l'église Sainte-Thérèse, sur le corps de mon ami Dominique Poncet. Dominique était pour moi plus qu'un confrère réputé, un professeur éminent. Depuis quand nous connaissions-nous ? Je ne me le rappelle même plus, comme si nous étions amis depuis toujours. Me manquent désormais ces qualités contradictoires et complémentaires qui faisaient sa séduction : prestige et simplicité, savoir et modestie, distinction et humour. N'était-il pas le président de l'Association des prestidigitateurs ? Personne ne m'appellera plus « Eminentissime ». Je n'appellerai plus personne « Commandatore ». Les amis véritables sont rares. Dominique en était un. Il savait être amical, affectueux même, sans être familier. L'idée ne nous est jamais venue de nous tutoyer ou de nous raconter notre vie, mais, avant de mourir, il a eu une délicatesse qui me brûle le cœur : demander à sa secrétaire de m'informer de sa mort imminente, afin que je ne l'apprenne pas par les journaux. Faire le bilan d'une telle amitié compense le malheur de la perdre. Je ne l'inviterai plus au Richemond. Il ne m'invitera plus chez Roberto.

20 juin

Je m'en doutais. J'ai la confirmation aujourd'hui qu'à la veille de mourir Dominique préparait ses funérailles : « Tant qu'à mourir et s'il faut organiser une cérémonie, je m'en charge. » Toute la cérémonie d'hier, à l'église Sainte-Thérèse, a été, jusque dans les détails, organisée par lui. C'est lui aussi qui avait insisté pour que son ami le pasteur Henry Babel prenne la parole aux côtés du père Bruno Moeri qui devait célébrer la messe, lui qui avait demandé au bâtonnier Bonnant, de Genève, de lui adresser un dernier adieu au nom de ses confrères : « Mon petit vieux, excuse-moi de te déranger, mais j'ai un service à te demander. Je n'en ai plus que pour vingt-quatre ou quarante-huit heures et j'aimerais que tu parles à Sainte-Thérèse. Essaie d'être bref. » Nourri de culture classique, je pense à Socrate dans le tableau de David, buvant la ciguë au milieu de ses disciples éplorés et leur demandant de sacrifier un coq à Esculape.

J'entends à la radio que Saddam Hussein et neuf hauts responsables de son régime seront placés sous l'autorité du gouvernement irakien après le 30 juin mais resteront gardés par des geôliers américains. Peut-on dire, dans ces conditions, que l'occupation a pris fin officiellement ? N'est-ce pas la preuve que l'occupation continue ? Quelle autorité légale peuvent avoir des dirigeants nommés par l'occupant et qui se révèlent incapables d'assurer la garde d'un prisonnier ?

21 juin

La procédure pénale concoctée par les Américains pour le procès de Saddam Hussein et de ses amis prévoit que les juges irakiens qui en seront chargés devront se cantonner à la responsabilité des seuls Irakiens et ne pas évoquer le rôle de leurs alliés occidentaux dans les crimes qui leur seraient reprochés. C'est une première judiciaire. C'est comme si, aux procès de MM. Touvier ou Papon, on avait interdit aux juges d'évoquer le rôle des Allemands.

C'est l'aboutissement d'une série de manœuvres pour établir une justice borgne à l'usage des aveugles. A La Haye, le TPI reproche aux dirigeants serbes des crimes de guerre et des crimes contre l'humanité, mais se garde bien d'évoquer le crime contre la paix d'où tout découle et dont les Serbes sont parfaitement innocents. A Phnom Penh, au procès des Khmers rouges, il sera interdit au tribunal d'évoquer les faits antérieurs à la prise de Phnom Penh par les Khmers rouges, c'est-à-dire le coup d'Etat militaire fomenté par les Américains contre la neutralité du royaume et l'utilisation du Cambodge comme base dans la guerre contre le Vietnam. Ces événements ayant fait dans la population autant de victimes que les Khmers rouges. A Nuremberg aussi, me dira-t-on, on n'a pas évoqué les crimes des vainqueurs, goulag ou travail forcé, mais ces crimes-là au moins n'étaient pas directement liés aux crimes reprochés aux nazis.

22 juin

J'ai plaidé aujourd'hui, à la prison de Clairvaux, la liberté conditionnelle de Régis Schleicher devant la commission régionale compétente, composée de trois femmes. Nous n'en attendions rien, et si j'ai fait trois heures de route, c'est pour un baroud d'honneur et d'amitié. L'emploi et l'hébergement qui lui sont offerts sont situés en région parisienne : le juge d'application des peines a fait remarquer, pour la première fois, que Régis Schleicher y est interdit de séjour. La mise en liberté de Joëlle Aubron, d'Action directe comme lui, ayant soulevé des résistances nombreuses, malgré des raisons médicales très sérieuses, ne constitue pas non plus un élément favorable. Sans compter sa tentative d'évasion manquée. Notre surprise, à l'audience, a été d'autant plus grande d'entendre l'avocat général demander un sursis de six mois pour statuer, en attendant que soit clarifié ce problème de l'interdiction de séjour et que l'instruction de l'affaire d'évasion soit plus avancée. Nous acquiesçons, bien sûr, mais à la condition, en cas de rejet de notre demande de libération conditionnelle en décembre, qu'il nous soit possible de représenter aussitôt une nouvelle demande. Accepté.

Au bistro de Clairvaux, où je déjeune rapidement avant de rentrer à Paris, j'ai le bonheur de rencontrer Me Pelletier, ancien ministre, ancien membre du Conseil constitutionnel, qui déjeune aussi et m'apprend qu'elle vient également de plaider la liberté pour un détenu, malgré ses responsabilités politiques.

23 juin

En ces temps de conformisme, mon bureau est comme une plage où viennent aborder des bouteilles à la mer qui défient le temps. En 1963, le chef de la sûreté du Baas, M. Bayati, a rencontré à sa demande un membre de l'ambassade américaine à Bagdad, M. Bruce Taylor. Le procès-verbal de la réunion avait été remis à Mohamed Sabah, chef de cabinet du Premier ministre à l'époque. Avant sa mort, M. Sabah l'a confié à un proche qui a conservé le document pendant quarante ans avant de le montrer à un chercheur, lors de la chute de Saddam. Le procès-verbal est finalement parvenu à un journaliste arabe qui lui-même en a fait une copie pour un journaliste français, lequel m'en fait part. Dans ce document, l'Irakien demande l'aide américaine dans la lutte de son gouvernement contre les communistes et leurs alliés kurdes. Le représentant américain donne son accord. Il s'engage au nom de son gouvernement à fournir à l'Irak les armes nécessaires et à intervenir auprès du FMI et de la Banque Export-Import pour que l'Irak obtienne des prêts. La répression anticommuniste et antikurde a fait alors plus de morts que la répression politique exercée par les divers gouvernements de Saddam n'a pu en faire, mais c'était pour la bonne cause. Deux ans plus tard, la répression anticommuniste en Indonésie fera cinq cent mille morts. Comme l'embargo, après la guerre du Golfe, fera cinq cent mille victimes. C'est le prix de la démocratie, devait déclarer Mme Albright.

24 juin

Je reçois une lettre touchante d'une rapatriée d'Algérie m'offrant son amitié :

« Je vous ai téléphoné il y a environ un mois. Je pensais vous rendre visite le 7 ou le 8 juin. J'étais chez mon fils, hélas il y avait des perturbations dans le métro, je voulais faire votre connaissance depuis le temps que je vous vois à la télé ! Je suis très timide et à l'instant où je vous écris j'ai la gorge nouée, mais je me suis lancée, j'irai jusqu'au bout. Je suis très seule, déracinée, je suis orpheline depuis l'âge de dix ans, je viens de..., cela fait quarante ans cette année et n'ai pas pu me faire d'amis. J'aimerais avoir une chance avec vous, que j'admire. Je suis en parfaite santé, j'ai 75 ans ; j'ai fait ma carrière à Paris, trente-cinq ans où à force de travail j'avais pu acheter un appartement dans le 13e. J'ai vendu en 88 pour venir m'installer au soleil, mais les gens d'ici ne me parlent pas ; pas d'amis, je passe des mois et des mois sans parler, à part mon petit chien qui me comprend quand j'ai trop de chagrin. Je suis une révoltée ; j'ai pu vendre cette grande maison où je ne me sens plus le courage de faire du jardin (631 m^2), cinq pièces, c'est trop ; j'ai acheté un appartement à... (trois pièces tout confort), mais il ne sera prêt qu'en octobre. Si vous vouliez être mon ami, mon confident et mon correspondant, ou si vous passiez par ici, ma maison est grande ouverte. Excusez mon culot mais quand les timides se lancent, ça fait du bien ! Avec tous mes respects. »

Je lui ferai signe un jour où je passerai par chez elle.

25 juin

Matinée au Château où j'assiste à des remises de décoration à une douzaine de récipiendaires, hommes, femmes, jeunes, vieux, connus, inconnus. Je crois être à une distribution de prix d'excellence à de bons élèves – le Président dans le rôle d'un proviseur attentif et bonhomme. La cérémonie terminée, il me fait l'honneur d'un aparté.

L'après-midi, rencontre avec la défense de M. Juppé. Ils reconnaissent n'avoir pas cru à la pertinence de mes conclusions lors du procès de Nanterre et n'y croire que depuis le jugement qui, pour les repousser, invoque des arguments juridiquement irrecevables. Il est convenu qu'au procès en appel j'aurai l'initiative en ce domaine et qu'ils se rallieront à mon point de vue.

26 juin

Neuf heures de voyage. J'ai quitté Paris à 11 heures et atterri ce soir à Sana'a à 9 heures, heure locale. Je suis accueilli par mes amis dont Ali, déjà rencontré à Genève. Ils me laissent à l'hôtel me reposer. Nous nous reverrons demain. A bientôt quatre-vingts ans, ma vie m'apparaît comme un long rêve éveillé où, sur le bord du chemin, un autre moi-même me regarde avancer en compagnie de ceux que j'aime et qui, dans le rêve, sont immortels. Dans ma vie, les événements ne m'apparaissent pas reliés entre eux par une logique rationnelle, mais par une logique plus profonde, faite d'affinités imprévues ; une logique musicale qui fait du vécu un hymne et, dans mon cas, un hymne à la vie, à la joie. Il m'arrive en rêve de revivre des événements anciens, des instants tragiques parfois où l'on voit tomber un ami à côté de soi ; même ces moments-là deviennent des moments de pur bonheur, des diamants que l'on cache, non par crainte des voleurs – car personne ne peut me les prendre – mais par pudeur, pour les soustraire à l'envie qui les ternirait.

27 juin

Vu tout le clan de Saddam Hussein : frères, beaux-frères, oncles, neveux, cousins, brus, sans nouvelles de leur chef de famille, suspects dans tous les pays arabes où, dispersés, ils ont trouvé refuge, abandonnés de ceux qui, au temps de la splendeur du régime, se comportaient en courtisans intéressés. Seules les deux filles aînées, issues de la première femme du chef, sont reçues avec faveur en Jordanie d'où tous les autres membres de la famille ont été expulsés.

J'appréhende que l'avocat jordanien désigné par les deux filles ne soit seul autorisé par les Américains à rencontrer éventuellement Saddam Hussein. D'autres membres de la famille, en prison, ont besoin d'être défendus. Les avocats européens qui s'occupaient de leurs intérêts jusque-là demandent, pour les défendre au pénal, des honoraires importants qu'ils sont dans l'incapacité de payer. On me demande d'assurer ces défenses supplémentaires à crédit, ce que, par un geste de générosité, d'honneur ou de folie, j'accepte. Je demande tout de même que mes frais soient remboursés.

Tout procès est une tragédie qui me fascine, ce qui rend sans doute mon parcours professionnel si atypique. Et la confiance aussi en mon étoile. Cette folie n'est-elle pas celle de tous les artistes, romanciers, musiciens et autres ?

28 juin

Mon secrétariat m'apprend de Paris que le président Saddam Hussein sera présenté dans les quarante-huit heures, c'est-à-dire le 30 juin, à la justice irakienne qui l'inculpera. Je serai de retour à Paris demain, le 29 ; comment puis-je être à Bagdad le 30 ? Tout le drame, dans ce genre de procès, est dans la disponibilité des forces. D'un côté, l'Etat le plus puissant du monde, de l'autre quatre-vingt-douze personnes éparpillées à travers des Etats arabes hostiles et leurs comptes bloqués. Du temps de la guerre d'Algérie, les prisonniers au moins étaient soutenus par une organisation clandestine efficace, avec l'appui prudent de quelques gouvernements. Ici, la seule force sur laquelle je pourrais m'appuyer est l'opinion internationale. Il faudra faire avec, mais c'est de toute évidence le procès le plus difficile auquel j'aie à faire face. Ce soir, avant mon départ à minuit, nous tâcherons d'oublier tout cela dans un restaurant libanais.

29 juin

Départ de Sana'a à minuit et une minute. Arrivée à Rome à 5 heures du matin. Quatre heures et demie à rêver.

Devant moi, dans un aéroport, une femme couleur de bronze, yeux noirs immenses, lèvres charnues, enregistre une valise en forme de trèfle. J'enregistre mon billet à mon tour. Nous sommes en avance. Elle est sortie. Je sors à mon tour. Est-ce pour la rejoindre ? Je ne sais. Quand une explosion énorme a lieu. Elle tombe. Je la relève et lui dis :

« C'est vous qui avez fait exploser la bombe ?

— A vous, me dit-elle, je peux avouer.

— Mais, lui demandai-je, pourquoi n'être pas partie ?

— Je vous attendais, me dit-elle.

— Mais, comment saviez-vous que je sortirais ?

— Nous étions en avance, me dit-elle, et j'avais remarqué que vous aviez éteint votre cigare. Vous deviez le rallumer.

— Vous avez assez attendu, lui dis-je. Vous auriez dû disparaître tout de suite et prendre un taxi. Maintenant, il nous faut aller à pied à travers champs.

— Nous ? me dit-elle.

— Oui », lui dis-je.

A ce moment, la lumière s'est rallumée. Nous étions à Rome.

Paris, 9 heures du matin. Des journalistes me téléphonent de Bagdad que l'inculpation de Saddam Hussein aura lieu demain, que l'avocat jordanien qui prétend le défendre sans moi est déjà sur place. Il a eu la chance d'être prévenu, moi pas. Je serai à Bagdad la semaine prochaine. Un procès est une course de fond, pas une course de vitesse ; une partie d'échecs, pas de poker.

30 juin

Réception à l'Hôtel de Région. Accueil aimable du préfet Bertrand Landrieu. Il fait beau. La soirée se passe dans le parc magnifique de la résidence. Comme souvent, les rencontres sont inattendues et surtout très différentes.

Jean et Xavière Tiberi, en conversation avec M. Goasguen, président du groupe UMP à l'Hôtel de Ville, m'accueillent avec beaucoup de courtoisie. Des responsables musulmans, dont une femme voilée, me demandent mon avis sur l'interdiction du voile. Je leur réponds que je suis contre cette interdiction, car à mes yeux la laïcité doit être tolérance et non devenir idéologie. Le général Bentegeat, qui connaît les DOM, m'avoue sa sympathie pour la Réunion, paysages et habitants. Mais la rencontre qui me fait le plus plaisir est celle de M. L., sénateur qui m'annonce qu'il prendra sa retraite de parlementaire à l'automne – il a quatre-vingt-trois ans – et que, avocat, il aimerait m'accompagner dans ma défense des grands vaincus devenus par là même indéfendables. Je repense à Mme Pelletier, rencontrée à Clairvaux, et je me dis que nous exerçons une profession qui peut être bien belle.

1er juillet 2004

Je fais le plan aujourd'hui de mon prochain livre sur lequel je vais pouvoir réfléchir en terminant mon Journal et mon essai sur la « démocratie à visage obscène ». Le titre sera une citation de La Fontaine : « Selon que vous serez puissant ou misérable ». Le premier chapitre décrit le malheur des pauvres et le deuxième le malheur des rebelles à notre société. Le troisième sera consacré à l'impunité des riches, qu'ils soient assassins ou voleurs. Le quatrième dénoncera l'usage biseauté des ADN dans les affaires criminelles. Le cinquième enfin traitera de la discrimination raciale. Chaque chapitre mettra en parallèle le malheur des faibles et l'impunité des puissants. Cet ouvrage devrait paraître en 2005.

Lu Nietzsche. Sa dénonciation de l'Etat, de l'historicisme et de l'économisme me convainc, comme me convainc la musique comme antidote au malheur.

Dîner avec une amie tamoule perdue de vue depuis plusieurs années. Le temps donne de la profondeur aux rapports humains pour ceux qui savent attendre et se taire.

2 juillet

Repas chez la chère Lilam pour le départ à la retraite de notre également chère Lili, comptable et standardiste.

Je décline les invitations de m'exprimer dans les médias à propos du procès de Saddam Hussein et de ses amis, en attendant que la situation se décante. Je laisse la place au groupe des vingt, réunis autour du bâtonnier d'Amman et d'un avocat de Reims. Déjà, ils se prennent les pieds dans leur tapis de prière. L'avocat français déclare qu'il lui faut une garantie de sécurité du Quai d'Orsay pour se rendre à Bagdad. Il a peur. Le même, contestant la compétence du tribunal spécial international monté par les Américains avec l'aide de collaborateurs irakiens, dit sa préférence pour un tribunal international comme celui de Sierra Leone, admettant du même coup que le cas de Saddam puisse relever d'un tribunal.

Pour ma part, je partirai à Bagdad par Amman jeudi matin.

3 juillet

A la suite du scandaleux procès d'Outreau, où des innocents sont restés des années en détention provisoire, sur la base de propos d'enfants délirants et d'expertises incohérentes, l'Union syndicale des magistrats juge « inadmissible que depuis trois ans des syndicats de policiers s'opposent publiquement aux mises en liberté ». Curieuse excuse : les policiers n'ont pas leur mot à dire dans les décisions d'incarcération – qui dépendent uniquement des magistrats. Mais cette prise de position est intéressante à un double point de vue. Ou messieurs les magistrats cèdent à la pression des policiers et ils ne sont pas dignes d'être juges, ou, incapables de justifier leurs décisions, ils s'abritent derrière les policiers, et là encore, leur lâcheté les disqualifie.

Marlon Brando est mort. Avant de le rencontrer, j'avais subi le charme de sa grâce animale et été sensible à ses prises de position libertaires. Ayant fait sa connaissance lors de la défense de Cheyenne, j'ai déchanté : j'avais affaire à un caractériel qui me devint de plus en plus hostile au fur et à mesure que grandissait l'affection de Cheyenne pour moi.

Le groupe des vingt avocats désignés par les filles de Saddam Hussein continue à délirer. Il ne leur suffit pas de dénoncer le pseudo-tribunal qui prétend condamner le Président, il leur faut dire « qu'il est pire que les procès de Nuremberg » – que peu de gens contestent sur le fond – et apparaître ainsi comme solidaires des accusés nazis.

4 juillet

Il y a des rêves interrompus qui reviennent des nuits plus tard terminer leur course comme si rien ne s'était passé entre-temps. C'est ainsi que cette nuit j'ai retrouvé ma princesse nubienne dans les champs où nous avions décidé de fuir. Mais notre fuite ressemblait à une promenade entre le rouge des coquelicots et le jaune d'œuf des colzas. Nous avions des tonnes de secrets indicibles à nous communiquer par le silence. « Tu es la fille d'Aménophis IV », lui dis-je soudain. Elle me répondit par un sourire qui signifiait aussi bien : « Tu plaisantes ! » que « Vous avez percé mon secret ». Arrivés aux portes de la ville, nous nous sommes séparés avant que notre amour trop grand n'attire l'attention. Elle est allée s'asseoir à une terrasse. J'ai marché vers une place immense et déserte où j'ai dansé de bonheur.

Saddam Hussein conteste le tribunal qui prétend le juger. Ce n'est pas la première fois qu'un chef d'Etat déchu est jugé ; pour que ce jugement ait une valeur, il faut que le pouvoir qui crée le tribunal soit issu ou d'élections démocratiques ou d'une révolution. Le tribunal spécial irakien est issu d'un pouvoir nommé par l'occupant à la suite d'une agression que ne justifiait aucun acte juridique international, il est issu d'un « crime contre la paix » au sens du statut de Nuremberg. Réfléchir à poursuivre de ce chef le Royaume-Uni devant la Cour pénale internationale.

5 juillet

« Nos agents ont reçu pour instruction de respecter la loi », déclare George W. Bush. Mais qu'est-ce qui est légal ?

1. Les Etats-Unis sont en guerre contre le terrorisme. Or, en temps de guerre, « le Président est seul habilité à décider des moyens les plus efficaces pour l'emporter sur l'ennemi ». Et la torture est incontestablement efficace (en principe).

2. La torture n'est-elle pas interdite par le Huitième Amendement de la Constitution ? Non, car elle s'applique à « toute personne reconnue coupable d'un crime » et non à un simple suspect. Quand le suspect torturé aura reconnu être le coupable, la torture perdra de son utilité et le Huitième Amendement s'appliquera : « [...] dans la guerre contre le terrorisme, les employés de l'Administration ont constitutionnellement le droit de maintenir en détention et de torturer quiconque constitue à leurs yeux une menace grave et imminente contre les intérêts et la sécurité des citoyens – et des non-citoyens. Avec ou sans l'accord du président, à l'étranger comme sur le territoire des Etats-Unis. »

Soirée agréable chez Bernard Debré pour célébrer sa victoire électorale dans le 16e arrondissement et saluer sa candidature à la mairie de Paris en 2007. J'ai apporté pour ce faire une boîte de caviar reçue la veille de Moscou.

6 juillet

Le visa promis pour aujourd'hui par l'ambassade d'Irak n'est pas arrivé, mais j'apprends que le groupe des vingt avocats réunis à Amman a l'intention de se rendre à Bagdad jeudi, la date que j'avais choisie pour m'y rendre aussi. Y a-t-il eu une fuite, les amenant à prendre cette décision précipitée ? Ils doivent s'y rendre par autocar. J'ai toujours pensé qu'un homme seul est plus efficace qu'une troupe disparate et qu'il y a toujours inconvénient à décider de ce que l'on doit faire en fonction de ce que les autres sont supposés faire.

Ce soir, il me faut encore me déranger pour une remise de décoration. Le bâtonnier H. A. reçoit les insignes de commandeur de la Légion d'honneur au Palais, et je ne peux pas ne pas m'y rendre puisqu'il est avec moi le dernier membre de notre promotion de secrétaires de la Conférence à continuer à exercer. Il fut un temps où la Légion d'honneur était remise à de jeunes hussards sur le champ de bataille, désormais elle est remise à de vieux notables dans de vieux palais.

7 juillet

Le groupe des avocats autour du bâtonnier d'Amman s'est enrichi d'un nouveau membre, la fille du président Kadhafi. Va-t-elle vitupérer les Américains comme ses compagnons ou ceux-ci vont-ils changer de stratégie ? Ayant appris que je m'apprêtais à me rendre à Bagdad demain, ils précipitent leur départ. Mais la question est désormais celle de ce déplacement. Je ne suis pas décidé à travailler avec des gens pour qui, au vu de leurs manifestations, j'éprouve de moins en moins d'estime. Je suis prêt à m'agréger à un collectif, pas à une bande. Or les ayants droit des prisonniers sont incapables de se mettre d'accord sur une stratégie. Quarante-deux membres du clan du Président me désignent mais ses filles et sa femme restent attachées au groupe des vingt. Bien plus, le fils de Tarek Aziz, qui m'a demandé de défendre son père, aurait désigné en même temps que moi cette équipe. Mon sentiment, ce soir, est que ce procès sera un désastre et que ma place est ailleurs, dans ce libelle que j'écris sur la « démocratie à visage obscène », sur le film de ma vie que des producteurs anglo-saxons me proposent, et dans la dénonciation de Guantanamo.

8 juillet

La juridiction régionale de la libération conditionnelle rejette la demande présentée par Régis Schleicher, mais elle le fait avec un respect du prisonnier qui mérite d'être signalé. Ce n'est pas si souvent le cas :

« Attendu que les liens affectifs étroits et constants de Régis Schleicher avec sa mère, âgée de 74 ans, retraitée, confortent de manière positive le projet d'hébergement au domicile de celle-ci, qui souhaite vivement accueillir son fils ;

« Attendu que le projet professionnel stable proposé par Régis Schleicher apparaît sérieux et le fruit d'une réflexion approfondie ;

« Qu'en effet, d'une part, la profession de correcteur-réviseur n'est pas un moyen d'expression des idées dès lors que le statut de correcteur définit clairement que l'on ne modifie pas la copie de l'auteur de l'ouvrage ; que d'autre part, le niveau intellectuel de Régis Schleicher, de type fort, le cursus universitaire, la volonté d'apprendre, motivée par un esprit curieux de tout ainsi que la rédaction en détention d'un code typographique constituent autant d'éléments démontrant le sérieux d'un projet qui n'a pas varié depuis 2001 et qui se situe dans la lignée des activités intellectuelles de Régis Schleicher ;

« Attendu que l'octroi de la libération conditionnelle n'est pas subordonné à un quelconque renoncement de Régis Schleicher à l'engagement militant qu'il maintient selon ses propres convictions, la libération conditionnelle tendant, selon les termes mêmes de l'article 729 du code de procédure pénale à la réinsertion des condamnés et à la prévention de la récidive ;

« Attendu que tant l'expertise psychologique que l'expertise psychiatrique diligentée par le magistrat chargé de l'application des peines ont insisté sur l'absence d'instabilité ou d'impulsivité de Régis Schleicher qui apparaît comme un homme lucide sur son parcours " intérieur ", sans complaisance avec lui-même et ayant évolué en prenant conscience de ses actes et des actions de son groupe ;

« Attendu que, si l'ensemble de ces éléments permet d'augurer une réinsertion sociale et professionnelle positive de Régis Schleicher qui apparaît animé de la volonté de clore une période de son existence marquée par l'après-mai 1968 sans renier pour autant les idées que tout militant CGT peut certes soutenir, la procédure d'instruction en cours sur la tentative d'évasion de février 2003 de la Centrale de Moulins et l'indétermination du rôle de chaque participant constituent un obstacle actuel à l'octroi de la libération conditionnelle ;

« Attendu que l'attente de cette issue conduit la juridiction régionale de la libération conditionnelle à rejeter, en l'état, la demande de libération conditionnelle de Régis Schleicher sans fixer de délai avant lequel ce dernier n'est pas admis à déposer une autre demande [...] »

9 juillet

Désireux de réunir dans un débat Noam Chomsky et moi-même, un réalisateur canadien, Francis Van den Heuvel, fait à Chomsky ce portrait de moi : « En France, Vergès est adulé ou haï. Parfois, on le décrit comme un manipulateur et un type qui adore passer à l'image, parfois comme l'avocat des causes troubles, des forces cachées. Tout ceci est à la fois vrai et faux. Jacques Vergès est un personnage complexe, inclassable. Dans une interview télévisée récente (« 60 minutes », sur CBS, 25 avril 2004), il déclarait sans ambiguïté que des membres de l'administration Bush, tels que l'actuel secrétaire d'Etat à la Défense Donald Rumsfeld, seraient appelés à témoigner et jugés pour l'aide et les moyens qu'ils ont apportés à Saddam Hussein au plus fort des atrocités commises par Saddam. Avez-vous vu cette interview ? »

Noam Chomsky, qui a les mêmes réflexes que moi, lui fait part de ses réticences devant la levée de boucliers de certains intellectuels parisiens, la lie de la terre : « Je suis heureux de voir que nous sommes sur la même longueur d'ondes. Ce que je sais de Jacques Vergès concorde avec ce que vous dites, mais je sais peu de chose. Ma réponse initiale à votre demande ne tient pas à lui ou à votre projet, mais au fait que je refuse de perdre mon temps avec les intellectuels dont vous parlez, à entrer dans leur égout nauséabond, ce qui serait, je le sais, le résultat de votre projet. Je ne crains pas la controverse. Et même j'estime que c'est une bonne chose. Mais la controverse est entièrement à l'opposé des disputes hystériques et de l'utilisation d'arguments faussés qui caractérise une bonne part de la vie intellectuelle en France – pas toute la vie intellectuelle, bien sûr... »

Francis Van den Heuvel, qui tient à son projet, revient à la charge : « Ce projet concerne le concept de justice.

Ce film se propose d'expliquer ce que cela signifie aujourd'hui. Les mêmes intellectuels français qui vous mettent en cause accusent également Jacques Vergès. Tout ce que vous dénoncez dans vos écrits est pourtant connu et limpide pour tous ceux qui vous ont lu et qui font leur travail de journaliste ou d'intellectuel avec un minimum de rigueur et d'honnêteté. J'admire cette rigueur et cette honnêteté que tous les deux vous apportez dans votre travail. Ce film a pour ambition de comprendre ce travail critique. »

Chomsky, qui réitère son mépris pour ces intellectuels, finit par laisser un espoir au réalisateur : « Je n'ai pas d'objection à une rencontre avec Me Vergès. En fait, je le souhaite, si c'est possible. La difficulté pour moi est d'un autre ordre. Etant donné l'hystérie qui règne dans la plus grande partie de la vie intellectuelle à Paris, si mon nom apparaît dans un film à côté de celui de Vergès, il y aura un flot d'articles hystériques dans les médias expliquant que j'apporte mon soutien à Saddam Hussein. C'est une façon de me nuire. Je n'ai vraiment pas de temps à perdre avec les jeux stupides des intellectuels parisiens. Néanmoins, peut-être qu'on y arrivera. Vous me l'avez sûrement dit mais quelles dates aviez-vous en tête pour ce tournage ? »

10 juillet

Vu un confrère de New York qui fut l'ami de Nusbaum. Celui-ci lui a beaucoup parlé de moi. Nous avons fini par évoquer Me Bloch qu'il a eu l'occasion d'observer quand il était enfant, chez son oncle, avocat lui aussi. Il parle du procès des Rosenberg, de leur exécution puis de la radiation du barreau de Me Bloch, comme un long chemin de croix. Ce le fut en effet. Il me compare à Bloch. Je l'arrête. Bloch était un saint. Je ne le suis pas. Et c'est parce qu'il était un saint qu'il a cru en la justice et en l'humanité de ses confrères. Moi, je n'ai cru ni dans l'une ni dans l'autre. C'est parce qu'il était sensible qu'il n'a pas pu cacher son chagrin, qu'il l'a exprimé avec force, manquant ainsi au devoir de modération qui est souvent une obligation de lâcheté. Moi, si ma première cliente condamnée à mort avait été exécutée, j'aurais caché la colère qui m'aurait envahi et demandé un rendez-vous à un ministre ou à un général dont j'aurais fait exploser la tête. J'aurais fait ensuite de mon propre procès – de rupture – un chant d'amour et de guerre. Les dieux et le général de Gaulle, en graciant tous mes clients, ne l'ont pas voulu. Je les remercie.

11 juillet

Devant l'impréparation des proches de Saddam Hussein à envisager clairement le but de son procès et la confusion ridicule qui caractérise sa défense, j'ai décidé de tout laisser en plan de ce projet et me suis trouvé non pas déçu, mais libéré et d'humeur folâtre. Cherchant dans ma bibliothèque un livre que je n'ai pas eu le temps de lire, je suis tombé sur le discours de réception de Marc Fumaroli à l'Académie française. Je crois, j'ai toujours cru, en ce qui me concerne, à la Grâce, à la Providence, au hasard, et la découverte que je fais aujourd'hui me conforte dans cette croyance car j'y retrouve, à l'égard de la canaille qui prétend diriger en ce moment l'esprit français, la même défiance, la même répulsion que Noam Chomsky dont la correspondance avec M. Van den Heuvel m'a tant amusé. Admirateur de Paris, écrit Fumaroli, Eugène Ionesco souffrait « de voir lettrés, philosophes, écrivains, scientifiques et journalistes, sous des gouvernements libéraux, organiser eux-mêmes une terreur et en exercer eux-mêmes la censure ». Le drame est que les mêmes qui exerçaient alors cette censure au profit de Staline l'ont exercée ensuite au profit d'un Mao qui les ignorait et l'exercent aujourd'hui au profit de M. George W. Bush. La conversation qui faisait le charme de la société française n'est plus possible, l'anathème au café, à la télé, dans la presse, remplaçant la nuance. Incapables de conversation, il ne reste à ces domestiques que l'insolence, voire l'injure.

12 juillet

Je me suis donné quartier libre, comme on dit dans l'armée, jusqu'à demain, j'en profite pour lire les livres d'occasion que j'ai commandés à des librairies spécialisées et que je n'ai pas eu le temps de parcourir. Chaque fois, je suis émerveillé. C'est ainsi que lisant les récits de randonnées de Gérard de Nerval dans le Valois, je découvre, à côté de l'amant halluciné d'Aurélia, un observateur intéressé par les faits divers, à propos desquels il a des réflexions proches de mon expérience, notamment sur leurs rapports avec le romanesque : « Le roman rendra-t-il jamais l'effet des combinaisons bizarres de la vie ? Vous inventez l'homme, ne sachant pas l'observer. Quels sont les romans préférables aux histoires comiques, ou tragiques d'un journal de tribunaux ? Cicéron critiquait un orateur prolixe qui, ayant à dire que son client s'était embarqué, s'exprimait ainsi : “ Il se lève, il s'habille – il ouvre sa porte – il met le pied hors du seuil – il suit à droite la voie Flaminia – pour gagner la place des Thermes ”, etc., etc. On se demande si ce voyageur arrivera jamais au port, mais déjà il vous intéresse, et, loin de trouver l'avocat prolixe, j'aurais exigé le portrait du client, la description de sa maison et la physionomie des rues ; j'aurais voulu connaître même l'heure du jour et le temps qu'il faisait. Mais Cicéron était l'orateur de convention. »

Et qui, ayant pratiqué les tribunaux du conformisme, ne reconnaîtrait pas celui aperçu par le poète dans un cauchemar : « Je comparaissais devant un tribunal, qui se dessinait au fond d'une ombre épaisse, imprégnée au bas d'une poussière scolastique. Le président avait un faux air de M. Nisard ; les deux assesseurs ressemblaient à M. Cousin et à M. Guizot, mes anciens maîtres. Trois figures pâles et maigres se dressaient à droite du tribunal, drapées de thèses en latin imprimées sur satin, où je crus distinguer ces noms : Sapientia, Ethica, Grammatica. Les trois spectres accusateurs me jetaient des mots méprisants [...] Je ne passais plus, comme autrefois, devant eux mon examen en Sorbonne. J'allais subir une condamnation capitale. »

13 juillet

J'ai fait la connaissance de Jean Genet au moment du procès du réseau Jeanson, dit « des porteurs de valises », et l'ai longuement revu à la fin de sa vie jusqu'au jour où Jackie, son amant, m'a appris sa mort. Et je suis heureux de lire, dans la plaidoirie imaginaire que lui consacre une jeune avocate, ces lignes qui me font croire encore en la profession, pour ce qui est de son élite en tout cas : « Aux héros de 68, il rétorque que leur révolution n'était qu'une révolte d'opérette. Il fallait que cette vérité fût dite. Aux héros de 40, il rappelle que depuis 200 ans Allemands et Français exterminent ensemble des millions d'Africains. Il fallait que cette vérité fût dite. Aux héros du Vietnam, il lance que l'Amérique n'a jamais rien compris. Il fallait que cette vérité fût dite. [...] Rechercher l'affrontement, c'est encore aller vers le monde [...] Quelle force de vie dans l'écriture de Genet, quelle âpreté à vivre Dans l'immonde, l'abjection, ou la réprobation mais vivre. Il y a une lumière, quelque chose de lumineux chez Genet. Pas de chaud, mais de lumineux. »

14 juillet

Le racisme des antiracistes

Il y a quelques décennies, en Alabama, il suffisait qu'une femme blanche mythomane ou perverse prétende avoir été violée par un Noir pour que ses congénères en pendent un. En France aujourd'hui, il suffit qu'une folle affirme avoir été battue dans le RER par quatre beurs et deux blacks qui l'auraient prise pour une Juive pour que le microcosme médiatico-politique s'emballe. Tous les partis, de la droite à la gauche, rivalisent de fausse émotion. C'est à qui sanglotera le plus fort. Et les clichés racistes des antiracistes antifrançais, antiblacks, antibeurs, de refleurir. *Charlie Hebdo* représente les voyageurs passifs du RER comme des lapins faisant semblant de lire leur journal pendant que des jeunes au cheveux de jais s'acharnent sur la victime. Une histoire très française, écrit *Libé*. Quant aux jeunes immigrés mis en cause, ce sont, pour M. Fottorino du *Monde*, tout simplement des nazis. Et quand la vérité à la fin éclatait en Alabama, les lyncheurs se justifiaient : si on l'accuse, c'est parce qu'avec les Noirs, ça se passe tous les jours. Aujourd'hui, en France, le président du CRIF de Rhône-Alpes ne dit pas autre chose : « Le plus dramatique [c'est] que cette jeune femme ait cru qu'elle serait crédible en affirmant qu'on l'avait prise pour une Juive et que ses agresseurs étaient d'origine black et beur. Et le pire, c'est qu'elle a été jugée crédible, parce que ça se passe tous les jours. » Le pire, c'est que, s'exprimant ainsi, M. Jakubowicz qui stigmatise les blacks et les beurs se croit encore un antiraciste.

15 juillet

La presse m'apprend aujourd'hui que, dans son testament, Marlon Brando déshérite son petit-fils, l'enfant de Cheyenne. Le déshéritant, c'est elle qu'il poursuit de sa rancune au-delà de leur mort à tous les deux. Lorsque j'avais pu obtenir de la chambre d'accusation de Papeete que Cheyenne soit autorisée à revenir en France se faire soigner, Marlon m'avait téléphoné de New York pour me crier : « Tu ne la reverras pas ! » et avait désigné pour elle un nouvel avocat. J'avais alors proposé à Cheyenne d'assurer les frais de son retour en France si elle le désirait. Elle m'avait remercié mais avait décliné mon offre en faisant état de promesses et de menaces qui lui avaient été faites si elle ne rejoignait pas son père. Elle l'avait rejoint. Elle en est morte.

L'hebdomadaire *Le Point* nous apprend que la mythomane du RER avait porté plainte en janvier de l'année dernière : « Enceinte de six mois, [elle] affirmait avoir été agressée sexuellement par quatre ou cinq Noirs africains sur un parking d'immeuble. » Le parquet de Créteil avait classé l'affaire sans suite. Cela n'a pas empêché Mme Guedj, sous-ministre aux Victimes – une avocate hélas ! –, de la recevoir et d'authentifier ses divagations en Alabama-sur-Seine.

16 juillet

Dîner hier soir dans un restaurant du 7e avec une amie très âgée et toujours très belle. Rentré tard. A peine endormi, je commence à rêver, un rêve qui m'obsédera longtemps. Quand il commence, je suis assis dans un fauteuil de cuir banal, dans un lieu sans âme, une salle d'attente peut-être, mais où je n'attends rien. En face de moi, je découvre tout à coup, assis, un couple entre deux âges, et puis je me retrouve debout en face du couple, qui s'est levé aussi, mais nous sommes sur une falaise dominant la mer. L'homme et la femme, aux corps alourdis, s'étreignent sans me voir, m'offrant de profil leurs visages que j'ai peine à reconnaître. Des visages de statues rongés non par le temps, mais par la lèpre. Leurs yeux sont deux lacs blancs où passent des nuages chargés de larmes qui me découvrent l'horreur et la splendeur de vivre. Et je reste immobile et silencieux à les contempler jusqu'à ce que la sonnerie du téléphone me réveille.

A 9 heures, je serai dans mon bureau, mais ceux qui me verront me trouveront peut-être un air étrange, l'air d'être ici et ailleurs. Ils n'auront pas tort. Je ne suis pas assis derrière ma table de travail mais sur un nuage au-dessus de la mer qui ressemble à un grand œil d'azur. S'ils pouvaient se pencher sur mon épaule, ils verraient peut-être, en filigrane du papier sur lequel j'écris, une vieille dame nue, les ailes ouvertes, le visage éclairé par un grand éclat de rire.

17 juillet

Relire Clausewitz. Ecouter parler un homme intelligent capable de passion, mais maîtrisée, est un plaisir dont on ne se lasse pas. Qu'un officier prussien ennemi des idées de la Révolution ait pu percevoir ce que Napoléon n'a pas vu, l'importance de la guérilla et de la guerre populaire, me procure toujours le même étonnement admiratif. Ainsi Clausewitz annonçait la stratégie révolutionnaire de Mao Zedong, comme le démontrent ces quelques citations : « La guerre populaire, comme quelque chose de vaporeux et de fluide, ne doit se concentrer nulle part en un corps solide. » Ou encore : « S'il s'agit de détruire des routes et de bloquer d'étroits défilés, les moyens que des patrouilles ou des colonnes volantes de l'armée peuvent y employer sont, par rapport à ceux que fournit un corps de paysans insurgés, ce que sont les mouvements d'un automate par rapport à un être humain. »

Et en plus le style est beau ! Notons tout de même que Mao ne limitera pas, comme Clausewitz, la guérilla à une fonction défensive ; il en fera aussi l'instrument de l'offensive et de la victoire. A l'heure où les automates semblent se préparer à détruire l'Irak, il ne serait pas inutile de leur lire ce passage de Clausewitz sur la guerre de Vendée : « Les méthodes [de la Convention] furent puissantes, mais si cruelles, si dénuées de sensibilité, si contraires à la dignité des hommes et à l'humanité que les Vendéens puisèrent dans le désespoir des forces nouvelles de haïr et de combattre [...] La cruauté laissée à elle-même fait renaître la guerre à mort. »

Lire Clausewitz, c'est prendre un bain d'intelligence.

18 juillet

Un correspondant suisse sollicite mon avis sur une tragédie qu'il a écrite, consacrée à Albert Speer, architecte préféré de Hitler et son ministre de l'Armement, et dont le drame serait d'avoir été le serviteur involontaire d'une politique criminelle. Ce n'est pas mon avis et je le lui écris : « Ce qui vous a fait vous aveugler sur lui, c'est que vous avez reculé devant cette constatation qu'une civilisation puisse s'accompagner de cruauté. Ce fut pourtant le cas de toutes les puissances coloniales. Qu'une civilisation bâtie sur le crime puisse être raffinée est un constat devant lequel vous avez reculé. Pourtant, dans les ruines que Rome, la matrice de l'Occident, nous laisse, il y a les arènes où, pour l'amusement du peuple tout entier, on faisait se battre à mort des esclaves et des prisonniers de guerre. Cela n'empêchait pas Virgile d'écrire les *Géorgiques* pour le même public, Ovide ses poèmes érotiques, ni Cicéron de plaider pour la primauté du droit. François Mitterrand, qui fut un des politiques à l'origine de la guerre d'Algérie, aimait lire Montaigne et même : *L'amour est plus que l'amour* de Jacques Chardonne. »

19 juillet

La barbarie des miliciens

La presse australienne, favorable à la guerre pourtant, accuse (avec un certain nombre de témoignages à l'appui) le Premier ministre du gouvernement nommé par les Américains en Irak d'avoir tué de sa propre main six résistants faits prisonniers et menottés. La presse indique même le lieu du crime : le centre de sécurité d'Al Amariyah. Douze policiers irakiens et quatre Américains faisaient partie de la sécurité du Premier ministre, et le ministre de l'Intérieur aurait assisté à ces meurtres. Le Premier ministre dément et déclare que les « auteurs » de ce récit pourraient porter plainte contre lui – devant son ministre de la Justice sans doute. Le ministre de l'Intérieur, pour sa part, refuse de dire s'il s'est rendu à ce centre de police en invoquant le secret-défense. Quant aux Américains, ils estiment l'affaire « close ».

Ce comportement est celui des collaborateurs dans les pays soumis à une occupation brutale et où la résistance est active. Ce fut le cas en France avec la Gestapo française de la rue Lauriston, en Algérie avec les Bleus à la Casbah d'Alger, au Vietnam où le chef de la police du Sud-Vietnam, Nguyen Ngoc Loan, ne craignait pas de se faire photographier en train de tuer d'une balle dans la tête un prisonnier menotté. De tels actes sont toujours annonciateurs de débâcles finales, comme cela s'est d'ailleurs passé en France, en Algérie ou au Vietnam.

20 juillet

D'une étude récente de stratégie chinoise, je relève aujourd'hui ce passage prophétique, qui fouette l'imagination :

« Le fait de comprendre ou non ce qu'est la combinaison n'est pas la clé du problème. L'élément véritablement essentiel, c'est de savoir combiner quoi avec quoi et en outre de savoir comment les combiner. Le dernier point, mais en aucune façon le moins important, est de savoir si l'on a pensé à combiner le champ de bataille et le non-champ de bataille, le guerrier et le non-guerrier, le militaire et le non-militaire, ou plus concrètement les avions furtifs, les missiles de croisière et les tueurs de l'Internet, la menace nucléaire, la guerre financière et les attentats terroristes ou carrément Schwarzkopf + George Soros + Morris Jr (pirate informatique bien connu) + Ben Laden. [...] Face à cette conception entièrement nouvelle de la guerre, il n'y a aucun doute que la vision de la guerre à laquelle on s'était habitué va s'en trouver ébranlée. Les modèles de la guerre traditionnelle ainsi que les théories et méthodes qui s'y rattachent vont aussi se retrouver face à un défi. [...] Sunzi et Clausewitz s'étaient enfermés dans les limites du domaine militaire; seul Machiavel sut approcher cet espace de réflexion. Pendant longtemps, *Le Prince* et son auteur furent méprisés par les chevaliers et les souverains, tant Machiavel était en avance sur son temps. »

21 juillet

Une jeune avocate, que j'avais perdue de vue depuis plus de dix ans, est venue me confier un dossier concernant un de ses amis en Afrique. Elle me raconte sa vie. En quittant le cabinet où elle était stagiaire, elle a rejoint la magistrature. Elle y est restée trois ans, le temps de découvrir qu'elle n'y avait pas sa place. Un monde fermé sur lui-même (au point de pratiquer de plus en plus l'endogamie, comme une tribu), s'estimant mal payé et mal considéré, méfiant envers la société civile et spécialement les avocats, pris pour des mercenaires. Des personnes qu'ils jugent, les magistrats ignorent l'essentiel : le simple contact humain. On n'imagine pas un juge en compagnie d'un financier ou d'un balayeur et lui parlant musique, comme un avocat peut et doit le faire. L'avocat est responsable devant son client. Le juge ne l'est pas devant l'accusé. Le jour du jugement, l'avocat accompagne son client à la prison, le juge rentre chez lui. Mais le pire est le dérapage que commettent tous les frustrés. Ils compensent leur sentiment d'infériorité par un sentiment de supériorité morale et deviennent dès lors des justiciers, voire des inquisiteurs lançant anathème et excommunication. Combien de fois, me dit-elle, ai-je entendu mes collègues vous reprocher de défendre des gens indéfendables !

22 juillet

Depuis le procès Eichmann, où l'accusé était enfermé dans une cage de verre, à Jérusalem, un certain nombre de justiciers, en France, se sont mis à rêver, et curieusement, c'est aujourd'hui que ce rêve est enfin pris au sérieux par l'ensemble de la défense. Il y a trois ans, à la cour d'assises d'Angers, les inquisiteurs avaient fait comparaître douze accusés dans douze cages de verre. A Paris, aujourd'hui, à la Xe chambre de la cour d'appel, c'est une volière qu'on a installée pour en principe douze personnes. Dimensions : 4,33 mètres de longueur, 3,20 mètres de largeur et 2,30 mètres de hauteur. Cette fois-ci, la coupe déborde et toutes les organisations d'avocats protestent. Cela me fait me souvenir qu'au procès Barbie, à Lyon, en 1987, le procureur général avait lui aussi pensé à une cage pour la bête enlevée en Bolivie. Avec l'hypocrisie d'usage, il m'avait fait demander par le bâtonnier de Lyon si j'accepterais cette mesure de protection pour mon client. Je lui avais fait répondre que si ce préservatif de verre était installé, je réclamerais que le procès se déroule avec une musique de cirque. Il n'y eut pas de cage de verre.

23 juillet

Mon amitié avec Bernard Debré

Donné une interview au journal *Le Monde* au sujet de mon amitié avec Bernard Debré, qui surprend. Nous en sommes conscients tous les deux, mais n'étant pas corses, n'entendons pas prolonger les vendettas de génération en génération. Michel Debré diabolisait mon père Raymond, mon frère Paul et moi-même. Il aurait voulu me faire assassiner. Je l'ai traité d'assassin. Tout cela appartient à un passé de bruit et de fureur où chacun avait ses raisons. Aujourd'hui, ce qui nous réunit, c'est le même amour de la France, de ses valeurs, de son exception. J'ai servi sous l'uniforme le général de Gaulle pendant trois ans. Le Général a approuvé ma dénonciation de la torture. C'est aussi le même amour de l'Afrique où nos routes se sont souvent croisées. Quels que soient nos regards différents sur le passé colonial, nous pensons que la France a, envers ces pays, un devoir d'aide et y trouve un héritage d'influence. Nous avons la même méfiance envers les donneurs de leçons, à la recherche de sosies ultramarins, et envers les parasites paternalistes du *charity business.* Bernard Debré et moi avons du passé une approche différente mais des positions très proches sur le présent. C'est un homme indépendant de par sa compétence professionnelle et un esprit libre. C'est ce que j'apprécie en lui. C'est un homme pour qui j'ai de l'estime et de l'affection.

24 juillet

Les protocoles des sages de Sion et d'ailleurs

Je reçois aujourd'hui par la poste (et pense n'être pas le seul) un tract anonyme concernant le faux antisémite célèbre connu sous le titre « Protocoles des sages de Sion ». Le raisonnement du tract est simple : les faits plaident en faveur de l'authenticité du document proposé. Cela me rappelle évidemment les commentaires qui ont suivi le faux attentat du RER. Une analyse de l'événement par M. Taguieff est, de ce point de vue, éloquente. M. Taguieff est mon voisin. C'est un homme à l'allure paisible que je croise parfois quand je fais mon marché. C'est surtout un politologue spécialiste de l'antisémitisme. Pour lui, il s'agit là d'un fait divers caractéristique de ce qu'il appelle « la nouvelle judéophobie » dont il évoque les quatre aspects originaux : les auteurs sont des délinquants de droit commun, ils sont antisémites, ils sont sexistes, ils sont noirs et basanés. Il se trouve que le fait divers n'a pas eu lieu mais j'imagine que M. Taguieff ne renonce pas aux conclusions qu'il en a tirées. En somme, le faux fonctionne comme un modèle. Simplement, ici, les victimes du faux ne sont plus les Juifs, mais les immigrés de souche non européenne, les « nazis de banlieue », selon l'expression d'une organisation « antiraciste » connue.

25 juillet

Mon confrère Carbon de Sèze m'écrit que l'analyse que j'ai faite de la défense de Louis XVI par son ancêtre lui « a causé une certaine peine » et m'invite à déjeuner pour que nous en discutions ensemble. J'accepte avec plaisir. Dans le récit que j'ai fait du procès, je n'ai pas manqué de rappeler le talent de De Sèze, la manière intelligente dont il avait conseillé la reine dans l'affaire du Collier, l'admirable plaidoirie qu'il a prononcée pour le général de Besenval qu'il avait fait acquitter. Mais il est vrai qu'au procès de Louis, s'il avait bien vu qu'il avait en face de lui non pas des juges, mais des accusateurs, il n'en a pas tiré toutes les conséquences. « Habile et pathétique, écrit Pierre Gaxotte, sa plaidoirie aurait emporté la conviction d'un tribunal ordinaire mais c'est sans doute le reproche le plus grave qu'on pût lui faire. » Cela étant, de Sèze ne manquait pas d'excuses. Un avocat n'est pas formé pour mépriser les juges, voire les humilier, et, par ailleurs, il ne pouvait avoir cette attitude quand son client se comportait comme un voleur de lapins, humblement :

« [...] le dialogue suivant résume cette défense sans fierté :

— Louis, le peuple français vous accuse d'avoir fait verser le sang des Français ! Qu'avez-vous à répondre ?

— Non, monsieur, ce n'est pas moi ! »

Nous sommes loin de Charles Ier devant le Parlement anglais : « Un roi n'a pas de juge sur terre. » Dans les deux cas, la conclusion est la même : la guillotine ou le billot. Mais la morale de l'histoire qui éclaire les grands procès politiques est différente. Dans le premier cas, elle laisse sa fierté à Charles Ier parce que le temps n'est pas venu, pour les rois d'Angleterre, de quitter la scène, dans le second, elle désarme Louis le Dernier.

26 juillet

La pensée magique au service du bien

« Vous voilà donc, Messieurs les magistrats, Mesdames et Messieurs les jurés, tenus de rendre un verdict dans une affaire où le droit commun s'efface au profit d'un système sans repère ni boussole, plus proche de la pensée magique que de la raison critique. Et un système, bien sûr, de double poids et de triples mesures. Sauf en période de troubles civils, où les passions somment la justice de servir leurs vengeances, aucun tribunal français n'a subi la triste infortune de siéger dans ces conditions. »

Ainsi m'exprimais-je au procès Barbie. Me suis-je trompé ? A lire la présentation qui est faite, dix-sept ans après, de la diffusion des moments forts du procès, je ne le pense pas. Dans un quotidien du matin, je lis que sa défense est assurée par le « sulfureux Jacques Vergès ». Sulfureux. Ce mot n'évoque aucune qualité ou défaut d'un avocat (est-il éloquent ? est-il confus ? est-il subtil ? est-il plat ?), mais le diable. Ce mot, qui ne me déplaît pas d'ailleurs – mieux vaut ressembler au diable qu'à Arno Klarsfeld –, montre l'indigence affolée du regard devant le gouffre qu'a été cette époque. Double poids et triples mesures, disais-je. Mais n'est-ce pas le cas, quand même le choix forcément subjectif des moments forts du procès se fait en connivence avec les parties civiles uniquement, et sans la défense ? Réfléchir, comme le dit l'annonce du film, sur la souffrance humaine, est sans doute important, mais n'était-il pas aussi nécessaire d'évoquer les circonstances qui font d'un homme ordinaire un officier SS ? Le diable fait-il à ce point peur ?

27 juillet

Janus et l'Irak

Janus n'est ni Jekyll ni Hyde, la créature tour à tour bonne ou mauvaise. Ses deux visages sont les mêmes mais opposés ; ils voient en même temps le monde et son contraire. Recevant un émissaire du gouvernement provisoire irakien, je pensais à Janus. Cet émissaire, un confrère, venait se renseigner sur une procédure que m'avait confiée le gouvernement de Saddam Hussein contre le gouvernement français à propos de la vente à l'Irak de sang contaminé. Je lui dis à quel point j'étais heureux de le recevoir, et d'avoir enfin dans cette affaire un interlocuteur réel. Jusque-là, mes seuls interlocuteurs étaient un ambassadeur et un ministre de la Santé qui n'y comprenaient rien. Pendant des années, j'ai fait durer des procédures pour ne pas les voir prescrites. Aujourd'hui, je demande à mon correspondant de me faire parvenir les documents dont j'ai besoin, ce qu'il me promet. Mais il ne peut résister à sa curiosité et me demande où j'en suis avec la défense du raïs. Je lui réponds que, désigné par la majorité du clan familial, je me tiens pour l'instant sur la réserve, les filles du Président ayant désigné de leur côté un groupe de confrères dont je n'approuve ni la stratégie ni les gesticulations. « Je suis moi-même avocat », me dit-il mystérieusement, me laissant le soin de comprendre le message. La perspective de défendre l'ancien chef de l'Etat contre le gouvernement provisoire et la coalition et d'agir contre l'Etat français pour les victimes du sang contaminé à la demande du même gouvernement provisoire me ravit, et les critiques que je pressens augmentent ma joie.

28 juillet

Une ronde autour du monde

La mondialisation est un fait. Il s'agit de faire avec. La superpuissance en joue en Serbie, en Irak, au Cambodge. Il nous appartient d'en jouer aussi avec les armes qui sont les nôtres. Les stratèges chinois ont raison d'évoquer ces forces qui apparaissent, agissent en dehors des limites des nations et des Etats : pirates informatiques, terroristes d'Al-Quaida ou spéculateurs internationaux comme M. Soros. Cette nuit, j'ai reçu un appel de mon confrère et ami Christopher Black, du Canada, m'informant que le TPIY était sur le point de nommer un avocat d'office pour Milosevic, contre la volonté de ce dernier, et me demandait de m'associer à une protestation internationale contre ce projet. Je lui donne mon accord, les yeux fermés. Nous sommes ainsi, en Europe et en Amérique du Nord, un certain nombre d'hommes libres à nous donner la main pour défendre nos choix contre la trahison de nos gouvernants et à réussir parfois à les faire reculer. Et c'est dans l'action que nous apprenons à nous connaître, le général Gallois, Peter Handke, Christopher Black, Tiphaine Dickson ou moi-même.

29 juillet

Intersignes

Je déjeune au restaurant La Méditerranée, place de l'Odéon, avec Denis Tillinac et Colosimo, des Editions de La Table Ronde, pour fêter ensemble la sortie en septembre de mon pamphlet, *La Démocratie à visage obscène.*

Lieu mythique des années 50, selon les guides, avec les souvenirs bien visibles de Bérard, Vertès et Cocteau. C'est là précisément, dans les années 50, que j'ai dîné avec un responsable FLN venu d'Alger et se rendant à Tunis. Arrêté sur le chemin du retour, interrogé sur moi, torturé, il avait fini par reconnaître m'avoir rencontré et, ce dont les policiers ne pouvaient se douter, m'avoir invité à dîner à La Méditerranée. Je devais y revenir plus tard, invité par Aidit, le secrétaire général du PC indonésien, de passage à Paris. Je dirigeais alors la revue *Révolution.* Nous avions discuté d'une participation sérieuse des Indonésiens à sa rédaction et à sa diffusion. Peu de temps après, il était fusillé sur l'ordre du général Nasution à la suite d'un coup d'Etat proaméricain. Il se trouve qu'au même moment un autre coup d'Etat, en Algérie, renversait Ben Bella et ses conseillers trotskistes et rendait possible mon retour. Ce lieu, pour moi aussi, est mythique.

30 juillet

Réception et rencontres à l'ambassade du Maroc

A l'occasion de la fête du Trône, l'ambassadeur du Maroc recevait aujourd'hui au Pavillon Dauphine. Ce genre de réception est toujours l'occasion de rencontres intéressantes. J'en noterai deux : M. Chevènement que je voyais pour la première fois a eu des mots aimables pour ma défense des causes « difficiles » – démocrate, il ne dit pas indéfendables; puis un journaliste qui a rencontré récemment M. Meyssonnier, exécuteur des hautes œuvres en Algérie pendant la guerre de Libération, et qui, à ce titre, a dû décapiter une centaine de prisonniers; ce dernier lui a fait part de son admiration pour le travail de la défense à cette époque. Je n'étonne qu'à moitié mon interlocuteur en lui apprenant que le bourreau m'a dédicacé son livre de souvenirs en ces termes : « A Me Vergès, soldat du droit et de l'humanité. » Comme quoi on peut être bourreau et avoir l'esprit plus ouvert que des hiérarques socialistes qui ont patronné la torture et ordonné des exécutions capitales ; depuis que j'ai assuré la défense de Barbie, ils me tournent le dos, comme c'est la tradition chez nombre d'entre eux face à l'ennemi.

31 juillet

Une gauche d'assassins

Un ami qui assistait hier à l'entretien que j'avais à propos du bourreau d'Alger me faxe aujourd'hui cet extrait des *Mémoires* de Pierre Mauroy, parus l'année dernière : « Cela me donne l'occasion d'une mise au point à propos de l'avocat bien connu, Me Jacques Vergès. Il a prétendu à différentes reprises qu'ordre avait été donné de l'abattre. Cette allégation n'est pas exacte. Je ne saurais démentir qu'une proposition en ce sens ait été exprimée par certains services, à l'occasion de voyages aériens privés que cet avocat multipliait vers le Moyen-Orient. Ce que je peux affirmer, c'est le refus catégorique que j'ai opposé à l'examen d'une telle hypothèse. » Ce démenti de M. Mauroy n'en est pas un. Il reconnaît que certains services se proposaient de m'assassiner et que lui n'a pas voulu s'en mêler. Ces services (qu'il ne nomme pas) ne sont ni la DST ni la DGSE ni M. Yves Bonnet ni M. Marion mais l'ordre a été donné. Le fait m'a été confirmé par M. de Grossouvre, chargé des questions de la sécurité de M. Mitterrand, dont la mort reste un mystère ; et il existe un témoin de cette affaire bien vivant, l'homme chargé de m'abattre : le capitaine Barril.

1er août 2004

Pourvu que le geste soit beau

Un vieux compagnon de la guerre d'Algérie, diplomate et ancien ministre, de passage à Paris, me rend visite. Nous évoquons les amis que nous avons tant aimés. La plupart sont morts, amers souvent, déçus par des lendemains auxquels ils ne s'attendaient pas. Je lui rappelle le mot de Napoléon : il y a deux sortes de gens dans les révolutions, ceux qui les font et ceux qui en profitent. N'est-ce pas déjà suffisant de l'avoir faite ? Il est important sans doute, pour un peintre, de vendre ses tableaux, mais le plus important n'est-il pas de les avoir peints ? La révolution, c'est l'esquisse d'un rêve et seulement une esquisse.

2 août

Humour administratif

Je reçois la lettre d'une personne qui m'appelle à son secours... Né garçon, il (elle) est devenu(e) femme à sa majorité, à la suite d'une opération. Devenu femme, il (elle) s'éprend d'une femme. Un pacs entre elles serait possible, mais le pacs, à leurs yeux, n'est qu'une caricature de mariage. Seul ce dernier, estiment-elles, peut consacrer leur union. Comme le transsexuel n'a pas eu le temps de régulariser son changement de sexe, il (elle) demeure un garçon aux yeux de l'état civil. Malgré sa répugnance, il (elle) utilisera son sexe passé pour se marier. Aujourd'hui, l'état civil, en raison même de ce mariage, se refuse à officialiser son changement de sexe. Pris(e) à son propre piège, il (elle) m'appelle aujourd'hui à son secours. Qu'en pense sa femme ?

3 août

Visite à l'ambassade d'Irak

J'aime surprendre les gens. Ma visite à l'ambassade d'Irak ce matin avait ce but. J'ai demandé, il y a déjà un mois ou deux, un visa qu'on me promet pour bientôt et que j'attends toujours. Au début, j'étais pressé. Je le suis moins aujourd'hui. La dispute pour la défense de Saddam Hussein ou de Tarek Aziz me semble pire que dérisoire, vulgaire. Que certains y cherchent l'argent qui leur manque ou la notoriété qu'ils aimeraient avoir, libre à eux de se comporter comme ils se comportent. Si les accusés de Bagdad me désignent, et moi seul, comme *dominus litis*, j'en serai ravi. S'ils ne le font pas, je n'en ferai pas une maladie. Ma visite à l'ambassade n'était donc pas d'une urgence absolue, mais c'est précisément pour cela que je voulais la faire, afin que son caractère de visite de courtoisie soit évident. Le chargé d'affaire a été aimable. On m'a servi un café turc (?) brûlant et j'ai mis fin brusquement à l'entretien en déclarant à l'ambassadeur, une deuxième fois surpris, que je ne voulais pas abuser de son temps.

« Vous connaissiez les lieux, m'a-t-il dit.

— Et je suis heureux de m'y retrouver », lui ai-je répondu.

Je n'arrive pas à comprendre que les gens puissent s'ennuyer.

4 août

A partir d'aujourd'hui et jusqu'au 15 septembre, je quitte Paris et vais à la campagne, profitant des vacances judiciaires pour me consacrer quarante jours à l'étude des dossiers qui vont m'occuper du 13 octobre de cette année au 14 juillet de l'année prochaine, soit : du 13 au 29 octobre, le procès en appel des emplois fictifs du RPR devant la cour d'appel de Versailles, où je défends Mme Louise-Yvonne Casetta, l'intendante du RPR, longtemps présentée comme sa banquière occulte. M. Juppé y joue définitivement sa carrière politique. Ce dossier comporte six mille pages. De novembre 2004 à mars 2005, ce sera, devant le tribunal correctionnel de Paris, le procès des écoutes illégales de l'Elysée du temps de M. Mitterrand. J'y défendrai le capitaine Barril. Ce dossier pèse sept mille pages. Puis ce sera le dossier dit « des lycées de la région Ile-de-France » : ce procès, qui met en cause le RPR, Démocratie libérale et le PS, se déroulera de mars à juillet 2005. J'y suis à nouveau le défenseur de Louise-Yvonne Casetta ; les personnalités mises en cause sont : MM. Longuet, ancien trésorier de Démocratie libérale, et Roussin, ancien directeur de cabinet de Jacques Chirac à la Mairie de Paris, et à travers ce dernier, c'est M. Chirac que visent les magistrats. Ce dernier dossier est lourd de cent mille pages.

Il s'agit, dans chacun de ces dossiers, de recenser les déclarations de mes clients, recenser les propos tenus à leur sujet par des coprévenus ou des témoins, étudier les réponses à y apporter. Ce recensement accompli, il faudra en dégager une vision synthétique de la défense qui commencera par l'examen des faits reprochés et du bien-fondé de leur qualification sur le plan juridique. De ce travail, protégé par le secret de l'instruction, je rendrai publics les arguments à l'ouverture des procès, et seulement là.

Il me faudra aussi, pendant ces quarante jours, mettre la dernière main à mon pamphlet *La Démocratie à visage obscène*, à paraître début octobre aux éditions de La Table Ronde. Ce pamphlet a la forme d'un petit catéchisme à l'intention de George W. Bush puisque lui-même se présente comme inspiré par Dieu. Chaque nation a ses héros mystiques : la France a eu Jeanne d'Arc, les Etats-Unis ont M. Bush.

1er commandement : Ton prochain traiteras comme un chien.

2e commandement : Un nouveau goulag construiras.

3e commandement : Hommes, femmes, enfants violeras.

4e commandement : La mémoire du monde brûleras.

5e commandement : Au peuple américain mentiras.

Cela étant, je ne pourrai pas complètement m'abstraire du monde en général et du monde qui est le mien. Il y a un ou deux rendez-vous extérieurs que je ne pourrai remettre. Il y aura un ou deux courriers que je noterai encore dans ce Journal parce qu'ils m'auront particulièrement amusés.

7 août

Souvenirs, souvenirs : un juge ami

Retiré de l'actualité quotidienne, il ne me reste plus, le soir, tous dossiers fermés, qu'à me laisser aller à des souvenirs.

L'esprit de corps est tel dans la magistrature que, lorsqu'on en critique le fonctionnement, on est accusé de parti pris par tous les juges. Je pense ne pas échapper à cette critique, et pourtant, je suis souvent approuvé par des magistrats ; parmi ceux-ci, j'ai des amis dont le nombre surprendrait. Pour ne pas compromettre les vivants, je ne veux évoquer ce soir qu'un ami disparu. Gilles Boulouque était juge antiterroriste. Je défendais des « terroristes », puisque telle était leur appellation. J'avais défendu Barbie ; le père de Gilles Boulouque avait échappé à la Shoah à cause de son nom turc (Boulouk). Et cependant, dès notre première rencontre, nous nous étions jaugés, nous nous étions estimés et, au fur et à mesure de nos rencontres professionnelles, l'estime était devenue amitié. Une amitié distante. Chacun à sa place, tâchant de déchiffrer l'énigme d'un fait divers et d'un homme. Je savais qu'il ne me confondait pas avec mon client ; et de mon côté je ne le considérais ni comme un inquisiteur ni comme un justicier. Comme moi, il s'intéressait à des sujets en apparence inactuels, à Sumer la mystérieuse, aux religions, aux croyances qui échappent aussi bien aux explications des uns qu'à la rationalité superficielle des autres.

Je me rappelle un incident, un jour, quand mon client, exalté, l'avait insulté. Son sourire résigné semblait dire : « Vous vous rendez compte ! » Mais l'affaire qui nous rapprocha le plus fut l'affaire Gordji, ce diplomate iranien qu'une campagne de presse bien-pensante présentait comme un terroriste. Juge honnête, instruisant à charge et à décharge, Gilles Boulouque lui accorda un non-lieu. Ce fut l'occasion d'une campagne ordurière des droits-de-l'hommistes contre lui, présenté comme un suppôt du pouvoir. Attaqué par un confrère, abandonné par ses collègues, je le sentis atteint au plus profond de lui-même. Un matin, j'appris qu'il s'était suicidé. Interrogé par les médias, j'ai dit mon estime pour lui, et plus, mon affection. J'ai dit aussi que tant qu'il y aura des juges comme lui la justice aura un sens.

9 août

Souvenirs, souvenirs : un jeune confrère de talent

Je connais un confrère sexagénaire qui a, un jour, refusé de me serrer la main parce que je défendais Barbie. Je haussai les épaules, il faut de tout pour faire un monde, et aussi des avocats qui méprisent la défense et d'autres qui l'incarnent pour faire un barreau. Les jeunes confrères ont heureusement l'esprit plus ouvert. J'en ai eu la confirmation lors d'un procès fictif qu'avait organisé la Conférence du stage de Nanterre pour marquer la rentrée judiciaire. C'était moi l'accusé et les jeunes stagiaires devaient jouer tous les autres rôles.

Le tribunal de grande instance de Nanterre a dans son ressort les cabinets d'avocats les plus florissants, de grands groupes, anglo-saxons pour la plupart : Andersen, Deloite et Touche, et autres, basés à la Défense. Si bien que la majorité des avocats du barreau des Hauts-de-Seine sont des avocats d'affaires et que leur Carpa est une des plus riches de France. J'ai donc été particulièrement intrigué quand ils m'ont invité, pour la rentrée solennelle de leur barreau, comme accusé d'un procès imaginaire. C'était la première fois (à ma connaissance) qu'un barreau se livrait à cet exercice d'éloquence autour d'un confrère bien vivant. J'ai donc accepté.

Dans son réquisitoire, le secrétaire de la Conférence du stage qui jouait le rôle du procureur avait brodé sur le fait que ma date de naissance serait incertaine : 5 mars 1925 ou 20 avril 1924, que j'étais né de personnes venues de deux univers différents, une mère vietnamienne, un père créole, qu'enfin je m'étais appelé Mansour au cours de la guerre d'Algérie. Il en concluait que j'étais Docteur Jekyll et Mister Hyde, et surtout Mister Hyde. Quant à l'autre jeune espoir du barreau chargé de me défendre, il était, comme il le rappela discrètement, membre d'une communauté persécutée par Barbie. « Je devrais vous dire, monsieur le Président, qu'une chose me déplaisait particulièrement dans la défense de Barbie, c'est cette complaisance face à l'accusé [...] pour des raisons que la pudeur m'empêche de dévoiler, mais que ceux qui peuvent ce soir me voir de profil comprendront assurément... (*Rires.*) Il n'en est rien... Jacques Vergès est l'homme qui applique les principes au nom desquels vous exercez, au nom desquels vous vivez même mais que vous n'appliquez finalement jamais. C'est pour cela qu'il est votre pire cauchemar, un homme que vous ne serez jamais, un homme sans compromission. »

12 août

Souvenirs, souvenirs, l'humour des juges

Il y a une chose que j'apprécie beaucoup chez les juges, c'est leur humour, d'autant plus dérangeant qu'il est toujours involontaire.

Une mère seule, fragile, dépressive, endort puis étrangle ses trois enfants. Ensuite, elle se pend, mais le crochet tenant la corde cède sous son poids. Elle est interpellée et placée en hôpital psychiatrique, puis... à la maison d'arrêt des femmes de Fleury-Mérogis. Quarante-huit heures après, elle se pend, pour de bon cette fois. Oraison funèbre du procureur de Pontoise : « Fallait-il lui mettre une camisole pour l'empêcher de se suicider ? » Sans doute pas, mais ne pouvait-on laisser cette malade à l'hôpital ?

Au procès de Ravachol, de son vrai nom François Claudius Koenigstein. Comme celui-ci, apprenant sa condamnation à mort, s'écriait : « J'ai accumulé sur ma tête toutes les malédictions. J'aurais pu être français si je l'avais voulu et je ne me suis jamais fait naturaliser ! », le procureur général saisit la balle au bond : « Ainsi, le sang français ne coulera pas. »

Les magistrats de Lyon ont emprisonné une comptable, mère de deux enfants mineurs, coupable d'avoir fait passer quelques grammes de drogue au père de ses enfants emprisonné. Elle a passé les fêtes de Noël en prison, laissant ses deux enfants sans Noël. Je m'en indignais auprès d'un juge. « Mais c'est une musulmane ! » me répondit-il.

15 août

Souvenirs, souvenirs : moi ! moi ! moi !

Il y a plusieurs années, j'ai refusé de figurer dans le *Whos' who ?* Dans ma lettre de refus, je précisais que le voisinage de la moitié des pensionnaires de ce catalogue me répugnait car ils représentent ce que j'abhorre le plus dans ce siècle : l'élégance du parvenu, la culture de l'énarque et la morale du faussaire. Aujourd'hui, je dirais que c'était par modestie. Un roi de Mésopotamie avait fait graver sur sa tombe « Moi, moi, moi ». Je vois là beaucoup de modestie. Ce roi se présente pour ce qu'il est, et rien de plus. Il n'éprouve pas le besoin de rappeler qu'il fut membre du Rotary Club ou chevalier de la Légion d'honneur, ni de rattacher à son nom des signes de réussite sociale à la fois prétentieux et insignifiants. Pas plus que d'informer le passant qu'il eut plusieurs femmes et plusieurs enfants, ce qui est le comble de l'indélicatesse. « Je suis moi, et laissez-moi tranquille » est le propos non d'un vaniteux, mais d'un sage.

18-19-20-21 août

Alger

La Fondation du 8 mai 1945, créée pour perpétuer le souvenir des massacres de Sétif et Guelma par l'armée française (hélas !) et les colons à l'heure où l'Europe célébrait la victoire contre le nazisme, m'a invité à une conférence de presse portant sur mon dernier livre paru : *Les Crimes d'Etat. La comédie judiciaire.* La date de cette conférence évoque aussi un autre anniversaire : celui des massacres du Constantinois, en 1953, dont le bilan, selon le *Livre noir du colonialisme* – publié sous la direction de Marc Ferro – fut de 79 Européens et 12 000 Algériens tués. C'est à l'occasion de ces massacres que le futur général Aussaresses se fit remarquer. Au cours de cette conférence, un débat s'est ouvert sur la schizophrénie des criminels. Comment peut-on avoir été résistant, comme MM. Lacoste, Bourgès-Maunoury et autres Mitterrand, et combattre la volonté d'indépendance chez les autres – et surtout utiliser contre eux la torture et le massacre de masse qu'on a combattus chez les nazis ? Le crime d'un sadique est moins effrayant que celui d'un bon père de famille capable de torturer ou de violer des jeunes combattants ayant l'âge de ses enfants. S'interroger sur la part effrayante d'humanité chez le criminel est possible en Algérie. En Europe, il ne l'est pas. Je lis dans les journaux, en effet, qu'un film sur les derniers jours de Hitler, en Allemagne, provoque l'indignation chez les défenseurs des Droits de l'homme qui souhaitent, pour leur confort, voir dans ce genre de criminels des monstres, ce qui évite la réflexion sur la banalité du mal dans les sociétés dites évoluées et qui évite aussi de se reconnaître dans le visage du monstre.

23 août

Souvenirs, souvenirs : « L'amant de ma femme »

Le député-maire d'Abidjan, E. D., placé en résidence surveillée à la suite de graves soucis financiers, s'était évadé, avait rejoint le Ghana sur un bateau de pêche, puis Londres et Paris par avion. Il me demanda de le défendre, ce que j'acceptai. Se souvenant qu'il avait été un ami de mon père, le président Houphouët m'invita alors à venir le voir à Abidjan, mettant un avion à ma disposition. Sa première question fut de savoir si j'allais médiatiser l'affaire. Je lui répondis qu'il n'en était pas question, que je cherchais simplement un compromis honorable pour les différentes parties et éviter ainsi qu'un scandale politico-financier entachât l'image de la Côte-d'Ivoire. Je le vis rasséréné. Nous eûmes plusieurs entrevues afin de régler l'affaire, mais, pour cela, il fallait que E. D. rentre au pays, ce qu'il hésitait à faire, ayant de nombreux adversaires au sein du Parti unique. « Il ne met pas en doute votre parole, dis-je au président, mais il craint, étant donné l'influence de ses ennemis, qu'en votre absence – cela peut arriver – ils en profitent pour le faire incarcérer. » Me regardant dans les yeux, celui-ci me répondit : « Jacques – permettez-moi de vous appeler ainsi en souvenir de votre père –, vous savez que E. D. a été l'amant de ma femme. Ceci ne concerne que moi, mais si un autre se mêlait de le faire arrêter, ce serait comme s'il me giflait. Personne n'en aura l'audace. » J'étais ému autant que lui. A Paris, où l'adultère fleurit dans le personnel politique, je ne connais pas d'homme dans sa situation qui aurait agi avec autant de dignité.

25 août

Souvenirs, souvenirs : rien de ce qui est humain ne m'est étranger

« Je suis homme et rien de ce qui est humain ne m'est étranger », tout le monde connaît cette phrase de Térence, l'écrivain latin, mais ce que l'on sait moins, c'est qu'il était né esclave à Carthage. En somme, à Rome, c'était un beur, et c'est la raison pour laquelle il est si humain. J'ai aussi cette faiblesse de penser que l'humanité de mon ennemi ne m'est pas étrangère, à plus forte raison l'humanité d'un accusé. Je me mets toujours à la place de l'homme ou de la femme encadré(e) par deux gendarmes, du gardé à vue couché sur son bat-flanc, et c'est la raison pour laquelle je leur manifeste encore plus d'attention en prison que dehors. Quand quelqu'un se trouve entre deux policiers, il est bon de lui manifester qu'on est à ses côtés quoi qu'il arrive et qu'il peut compter sur vous. Je me rappelle : pendant la garde à vue d'une cliente à l'hôtel de police de Nanterre, j'avais été prévenu vers 10 heures du soir que je serais autorisé à lui rendre visite à partir de 2 heures du matin.

« Il viendra demain matin à 9 heures, l'avait réconfortée l'officier de police.

— Non, lui avait-elle répondu. Il sera là à 2 heures du matin. »

Et j'y étais.

Il y a vingt ans (comme le temps passe !), mêlé aux familles, à la prison de Fresnes, j'apportais à mes clients leur cadeau de nourriture, auquel ils avaient droit. A Bruno, cinq kilos de fruits secs, qu'il aimait – je l'avais surnommé « l'Ecureuil ». A Magdalena, le repas qu'elle m'avait commandé : saumon fumé, jambon de Westphalie, pain noir de Bavière et une glace aux fruits de la passion que j'avais largement arrosée de Grand-Marnier.

27 août

Souvenirs, souvenirs : naissance d'une vocation. Mon premier meurtre

Au cours de la Deuxième Guerre mondiale.

Par un matin brumeux, nous étions à peine réveillés quand le lieutenant commandant notre batterie d'artillerie, dans un grand état d'excitation, nous ordonna de tirer immédiatement à volonté sur une ligne de buissons au loin. Bientôt, de grandes flammes éclairaient l'objectif que nous avions atteint : des chars tapis comme des bêtes à l'affût. Un peu plus tard, contemplant notre travail de plus près, je découvris le cadavre atrocement mutilé d'un jeune homme de mon âge. Dans ce qui restait de sa vareuse, nous avons trouvé un livret militaire, et dans celui-ci, comme dans le mien, la photo d'une adolescente au sourire timide. La sienne était blonde. La mienne brune. Bien sûr, je me réjouis de l'avoir tué avant qu'il ne me tue comme il s'apprêtait à le faire, mais mon bonheur était froid. Ce cadavre inconnu m'avait appris ou souligné (si je ne le pressentais déjà) la gravité de la vie et chassé la haine de mon cœur. Peut-être, sans que j'en aie conscience, est-ce de là aussi que date ma vocation d'avocat qui est de comprendre les autres, même s'il s'agit d'un ennemi.

30 août

Souvenirs, souvenirs : y a pas le feu

Il y a deux ans, des pompiers qui manifestaient à Lille devant les bureaux du conseil général pour obtenir de nouveaux moyens de lutte contre le feu furent violemment dispersés par les gardes mobiles à coups de grenades de combat. Un pompier, père de famille près de la retraite, eut la main déchiquetée. Lui rendant visite à l'hôpital, je déclarai que si le blessé avait perdu la main, le préfet de police, lui, avait son sang sur les mains. Deux procédures s'ensuivirent. L'une concernant la plainte du pompier mutilé, l'autre, à la demande du préfet de police, contre moi, pour diffamation. La seconde fut jugée rapidement et aboutit à ma condamnation à une lourde amende devant le tribunal correctionnel de Lille ; la première présentait moins d'urgence, semble-t-il. En deux ans, le juge n'a pas eu le temps d'entendre le garde mobile qui a lancé la grenade, ni le gradé qui commandait sur place, ni le préfet de police. Entre-temps, j'avais fait appel de ma condamnation et la cour me relaxa. C'est dans ces conditions que les pompiers me demandèrent de les accompagner chez le juge pour lui demander compte de ses diligences. Il nous avoua n'avoir rien fait mais promit de convoquer tout ce beau monde dans un délai de six semaines. Ce qu'il ne fit pas. Pour lui, de toute évidence, y a pas le feu.

1er septembre 2004

L'avocat futur

Visite aujourd'hui des émissaires d'un producteur américain qui désire me consacrer un film. Discussion au cours du repas sur le réalisateur. On parle du réalisateur du *Silence des agneaux*, le dernier film que j'aie vu en salle en compagnie de Cheyenne qui m'y avait entraîné. Ma vie a sans doute un côté romanesque depuis ma naissance dans un consulat de France, au Siam, à une date controversée ; mon engagement de dix-sept à vingt ans dans les FFL aux côtés du général de Gaulle ; mon adhésion au PCF ; ma présence à Prague comme secrétaire de l'Union internationale des étudiants pendant quatre ans ; mon engagement auprès du FLN et des révolutionnaires africains et asiatiques. Mais, à moins de vouloir faire de ma vie un simple roman d'aventure, cet aspect romantique doit être encadré pour laisser paraître mon apport à la profession d'avocat, son originalité et son actualité.

Dans un monde qui, pendant quelques décennies encore, va connaître non la fin de l'histoire, mais au contraire des affrontements nouveaux, hors normes, jamais vus, la notion de rupture que j'ai conceptualisée va s'imposer de plus en plus dans les procès internationaux. Car, dans ces procès, c'est l'évidence, aucun dialogue ne sera possible entre le vainqueur et le vaincu. A la volonté du premier de judiciariser le chaos qu'il aura créé, pour lui donner un sens, s'opposera l'appel du vaincu à l'opinion mondiale. Dans un monde où l'importance des médias pour éclairer ou abuser l'opinion se trouve au premier plan, mon rôle est, de toute évidence, un rôle de pionnier, malgré les habitudes des barreaux et leur frilosité en ce domaine. La médiatisation est le corollaire nécessaire de la rupture. Je suis le premier, je crois, à considérer que l'avocat, avant d'être un technicien (bien que la technique soit nécessaire), doit être un artiste, un créateur de personnages destinés à hanter notre univers. Seule la création donne un sens au procès et par là même permet à la défense de toucher l'opinion.

2 septembre

Correspondance avec un éditeur

Les éditions Albin Michel avaient, à la mort de Barbie, exprimé leur intérêt pour la publication de ce qu'on a appelé « le testament de Barbie » et qui est un long récit fait par lui de son action à Lyon. Je leur en réservai l'exclusivité et déclinai les propositions de certains magazines. Puis, un matin, ces messieurs m'ont fait comprendre que certains de leurs auteurs les quitteraient s'ils publiaient ce texte, qu'ils devaient donc y renoncer, d'autant, disaient-ils – argument médiocre de gens médiocres –, que le texte était écrit « dans un style de gendarme ». Ils savaient dès le début que Barbie n'était pas Giraudoux. Je passai sur l'incident. Je comprends que les gens doivent gagner leur vie comme ils peuvent et, selon le mot de Rosa Luxemburg, on ne peut demander à une poule de voler aussi haut qu'un aigle. Et je publiai chez eux un essai intitulé *La Justice est un jeu.* Au moment de l'affaire du sang contaminé, je remis à ce même éditeur le texte d'une *Lettre ouverte à M. Laurent Fabius,* Premier ministre au moment du scandale. Le texte leur plut puisqu'ils le firent imprimer, puis ils le mirent sous le boisseau, attendant, me disaient-ils, l'annonce du procès devant la (Haute ?) Cour de justice de la République pour le mettre en vente. Un mois avant le procès, ils m'informèrent que le livre ne sortirait pas parce qu'il était « dépassé ». En me prévenant aussi tard, ces messieurs rendaient impossible sa publication par un autre éditeur.

Aussi, quel ne fut pas mon étonnement de recevoir au milieu du mois d'août la lettre suivante :

« Cher Maître,

« Le fils de Jean-Edern Hallier, Frédéric, et deux de ses amis, Denis Gombert et François Bousquet, préparent pour nous une anthologie de *L'Idiot international* que nous comptons publier dans le courant de l'année prochaine. A cette occasion, ils souhaiteraient recueillir votre témoignage sur cette expérience de presse et la personnalité de son animateur, témoignage de quelques feuillets qui serait intégré à cette anthologie. En vous remerciant par avance de bien vouloir lui réserver le meilleur accueil, je vous prie de croire, cher Maître, à l'expression de mon fidèle souvenir. »

Je leur dis mon sentiment le 27 août par la lettre suivante :

« Monsieur,

« Par deux fois vous m'avez annulé un contrat d'édition sous la pression du microcosme qui prétend imposer à la France son conformisme et sa médiocrité. Votre proposition de publier chez vous m'apparaît comme le comble de l'effronterie. Malgré l'amitié que j'ai éprouvée pour Jean-Edern Hallier, je suis au regret de la rejeter. L'accepter serait faire croire à mes amis que vous êtes une maison d'édition libre et honnête. Ce qui n'est pas le cas. Je vous prie de recevoir, vous et vos complices, l'assurance de mon mépris.

« P-S : Vous pouvez, bien sûr, publier cette lettre comme ma contribution au livre que vous préparez. »

Quelle fut leur réaction ? Elle m'est parvenue aujourd'hui. Ils m'invitent à déjeuner :

« Mon cher Maître,

« La virulence de votre réponse m'a, je ne vous le cache pas, interloqué. Si nous avons des torts à votre égard – et moi le premier –, acceptez nos excuses et les miennes en particulier. Je comprends votre refus mais, ce faisant, c'est davantage Jean-Edern et Frédéric Hallier que vous punissez. Permettez-moi de penser que c'est dommage. Sachez aussi que j'aurais plaisir à vous convier à déjeuner car je demeure, quoi que vous en pensiez, attentif à vos combats et attaché à votre personne. Veuillez croire, mon cher Maître, à l'expression de mon fidèle souvenir. »

N'étant pas encore condamné à la soupe populaire, malgré mon mauvais caractère, je ne lui répondrai pas.

6 septembre

Un mort encombrant : le pasteur Doucé

La disparition du pasteur Doucé est de nouveau d'actualité. Non plus judiciaire – politiques, juges et politiciens ne veulent plus en entendre parler –, mais médiatique. Une chaîne de TV mène l'enquête, une enquête destinée non pas à trouver la vérité, mais à montrer comment la justice peut, volontairement ou pas, aller dans le mur. J'ai été l'avocat de l'inspecteur Dufourg, montré du doigt par l'establishment et par tous les médias. Il m'avait approché quelques semaines avant d'être mis en cause. J'avais accepté de le défendre tout en soulignant à quel point son choix me surprenait.

« C'est que je vous connais, m'avait-il dit. J'ai ouvert vos lettres, écouté votre téléphone, vous ai suivi jour et nuit.

— Et alors ? lui dis-je.

— L'examen a été concluant. J'ai confiance en vous et j'ai besoin dans cette affaire de quelqu'un qui se batte. »

Selon Dufourg, en effet, Doucé avait été victime de gens influents politiquement et financièrement, désireux de le faire taire sur leurs activités criminelles, qu'il connaissait. Pour éloigner d'eux les soupçons, leurs amis dans la police, la justice et le monde politique braquaient les feux sur Dufourg, qui jouait le rôle de leurre. Tant qu'on parlerait de lui, on ne penserait pas à d'autres pistes. Comme il avait été chargé, aux RG, de filer le pasteur, la loi de proximité faisait de lui le suspect idéal. Pour mettre fin à cette campagne, j'écrivis au juge pour lui demander de l'inculper afin qu'il puisse être entendu et réfuter les insinuations sur son rôle. Le juge ne l'a pas fait. Entendu une fois par la police, on lui a proposé de s'avouer coupable et promis la bienveillance des juges et des autorités. Il a refusé. Et aujourd'hui on ne sait toujours pas qui a enlevé, puis tué probablement le pasteur Doucé. N'était-ce pas le but de la manœuvre ?

7 septembre

Un sourire d'outre-tombe

Le 19 juin, j'étais à Genève pour l'enterrement de Dominique Poncet. J'ai rapporté en son temps l'élégance de sa sortie. Sa fille Isabelle, avocate elle aussi, de passage à

Paris, m'a rendu visite. C'est avec naturel qu'elle a accepté que je la prenne dans mes bras et que je l'embrasse, comme l'aurait fait son père. Elle sait quelle amitié, quelle affection, quel respect nous éprouvions l'un pour l'autre. Une amitié d'adolescents entre deux hommes ayant dépassé largement la soixantaine. Ce fut, expliquai-je à sa fille, un coup d'amitié comme un coup de foudre. Je relis notre correspondance et les mots par lesquels nous commencions nos lettres : *Eminentissime... Sublimissime...* et ceux par lesquels nous les terminions : *Vale...* ou *Tibi.* Je prenais mes distances avec l'establishment à coups de fouet au visage, selon les conseils de César à ses légionnaires avant la bataille de Pharsale. Lui les prenait par l'humour, en présidant l'Association suisse des prestidigitateurs.

9 septembre

Souvenirs, souvenirs : le procureur Sherlock Holmes

Il y a quelque temps, le procureur général de Montpellier sollicitait la saisine par le parquet antiterroriste de Paris du cas de S. B. qui, en septembre 2001, a tué le chef de cabinet du maire de Béziers et tiré sur des policiers. L'argument avancé était que l'exploit du forcené avait eu lieu dix jours avant le 11 septembre, date de l'attentat de New York. Si le forcené avait tué un policier dix jours après, on est en droit de penser que l'argument serait le même. A plus forte raison si le meurtre avait eu lieu le 11 septembre même.

Je connaissais la loi de proximité qui transforme en suspect toute personne s'étant trouvée dans le voisinage d'un crime. Mais il s'agissait de proximité dans l'espace. Le procureur général de Montpellier a ajouté la proximité dans le temps, multipliant ainsi les causes d'erreur par deux.

11-12-13-14 septembre

Alger encore. Salon du livre et colloque Fanon

Alger m'attire comme un aimant. Je suis invité à nouveau pour le Salon du livre et un colloque consacré à Frantz Fanon. Le Salon est imposant, mais je n'ai pas grand-chose à y faire sauf un bain de foule sympathique et recevoir d'auteurs inconnus l'offrande de leurs ouvrages. Avant même mon arrivée, mes derniers livres avaient été vendus. Le colloque Fanon, qui a duré deux jours, fut un étrange moment. Quelques personnes, Algériens ou Français, qui l'avaient approché en parlèrent comme si elles étaient les dépositaires de ses secrets. D'autres, psychiatres, interprétèrent son œuvre en termes abscons. Des combattants surent en parler avec émotion, reconnaissant en lui la dimension internationale et internationaliste de la révolution algérienne. Invité à m'exprimer, je m'attachai à montrer le parallélisme de nos démarches respectives. Il était originaire de la Martinique – et moi de la Réunion. Nous avions tous les deux quinze ans en 1940 lors de l'effondrement de la France et de la victoire du racisme hitlérien. Tous deux, pour le combattre, avons rejoint les Forces françaises libres, et notre déception fut la même quand nous apprîmes, alors que nous fêtions la victoire, que, trois jours après la capitulation allemande, militaires et colons avaient massacré à Sétif et Guelma quelques dizaines de milliers d'Algériens et d'Algériennes. Ces morts réclamaient seulement et pacifiquement pour l'Algérie la liberté qu'ils avaient aidé la France à reconquérir pour elle-même. Neuf ans plus tard éclatait la révolution algérienne et, en 1957, la bataille d'Alger. Médecin à Blida, Fanon rejoignait la direction du FLN à Tunis. Avocat à Paris, j'allais à Alger remplacer les confrères algériens jetés en prison ou dans des camps. Que cette répression fût menée par un gouvernement de Front républicain nous amenait à rompre avec les tenants racistes des Droits de l'homme blanc. Pour moi, ce fut la découverte de la défense de rupture.

15 septembre

La vérité nue ou voilée ?

Une jeune journaliste voilée m'a posé, à l'occasion du Salon, une question malicieuse :

« Si la vérité est voilée, avez-vous le droit de lui retirer son voile pour la dévisager ?

— Je m'en garderai bien, lui répondis-je, j'attendrai tout simplement que, le soir, elle le retire. »

Elle voulut bien rire. Quand son rire s'est arrêté, je lui expliquai que, contrairement à la croyance populaire, la justice ne cherche pas la vérité toute nue. Cela ferait trop peur. Au contraire, la justice est là pour l'habiller, la farder, la rendre présentable et, s'il le faut, la cacher. Pour cela, elle dispose de moyens variés :

— on refuse de voir la vérité, comme dans l'affaire des handicapées d'Auxerre, qu'on imagine fugueuses alors qu'elles ont été assassinées ;

— on fait appel à un expert complaisant – il n'en manque pas – pour certifier qu'il fait nuit en plein jour, par exemple que l'étudiant japonais riche qui a mangé une étudiante hollandaise est fou, le temps de lui laisser prendre l'avion et de rentrer chez lui ;

— on examine les crimes des uns et des autres avec des jumelles grossissantes ou rapetissantes, suivant les cas ; c'est l'histoire des gros voleurs de l'affaire des frégates de Taiwan et celle des petits voleurs des rues ;

— on stoppe les recherches quand on s'approche dangereusement de la vérité, comme dans l'affaire Omar Raddad, où la cour de révision refuse de rechercher à qui appartiennent les ADN d'hommes retrouvés dans le sang de la morte.

Mais il arrive aussi que, lasse de jouer la comédie, la justice, à la face ébahie de l'opinion, nie un crime évident ou en invente un qui n'existe pas. Dans le premier cas, elle dit en termes polis à la victime, par exemple à la veuve Jean Jaurès : « Allez vous faire foutre ! » Dans le second cas, comme dans l'affaire La Roncière, elle dit en termes polis à l'innocent qu'elle déshonore : « Je t'emmerde. »

16 septembre

Draguignan : le procès de la différence

J'ai quitté ma retraite et repris mon activité en participant aujourd'hui à Draguignan à la défense d'un couple d'Italiens poursuivis pour « s'être soustraits à leurs obligations légales au point de compromettre gravement la santé, la sécurité, la moralité ou l'éducation de leur enfant mineure ». Le médecin traitant, le Dr Chaboutaud, pédiatre, peut affirmer le contraire : « J'exerce la profession de pédiatre à Antibes (06) depuis 1973. J'ai eu comme client à domicile la famille B. et plus particulièrement Paolo. J'ai dû voir ce dernier une douzaine de fois sur une période de quatre ans. J'ai également visité Luciana et Angelica moins souvent, à deux ou trois reprises. Je me suis rendu au début à la villa... à Juan-les-Pins (06). Je me suis également rendu à l'hôtel... à Beaulieu-sur-Mer. Une fois également dans un hôtel 4 étoiles de Saint-Jean-Cap-Ferrat. Ce sont des gens que j'appréciais, et j'étais une référence pédiatrique pour eux. Je n'ai jamais effectué de visite des enfants à mon cabinet. Pendant quatre ou cinq ans, au gré de leurs voyages, ces personnes consultaient sur place et ils me téléphonaient pour connaître mon avis. Je suis médecin à la DDASS d'Antibes depuis trente ans, j'ai donc une expérience certaine sur la maltraitance des enfants. Pour ma part, de ce que j'ai pu observer chez la famille B., il me paraît impossible que les faits relatés dans le journal soient vrais, à moins d'un changement radical. Je n'ai jamais rien constaté d'anormal sur les enfants B., les parents étaient même plus attentifs que la moyenne. J'ai moins vu Angelica du fait des voyages répétés de la famille et de son jeune âge. Entre les gens que j'ai connus et les faits relatés dans les journaux, il y a un énorme décalage dont il faudrait trouver la raison. »

Le Dr Chaboutaud est un homme de l'art, mais ce n'est pas un expert vivant des commissions des juges. Le Dr Elizabeth de Franceschi, psychanalyste, chargée par le juge d'examiner la petite Angelica, cinq ans, doit constater que la taille et le poids de l'enfant sont normaux et qu'elle est en bonne santé. Elle note aussi « l'aptitude de l'enfant à ranger tout ce qu'elle a utilisé, à remettre tout exactement à la même place, sa capacité à ne pas faire de bruit », mais plutôt que de s'en féliciter, y voit, pour la satisfaction du juge qui lui a confié ce travail rémunéré, un « dressage ». La maltraitance de la petite Angelica, le manque de soins dont elle aurait été victime, n'apparaissant pas au cours de l'instruction, le juge, pour faire bonne mesure, ordonne à des experts d'examiner la verge et l'anus du petit garçon de sept ans et l'hymen et l'anus de la petite fille. Examen négatif chaque fois : l'hymen d'Angelica « est en place et non défloré. Elle n'a pas de lésion anale et le tonus du sphincter anal est normal ». Il en est de même pour le petit garçon : « Pas de lésion de caractère sexuel, pas de lésion anale, tonus du sphincter anal normal. »

La seule question qui se pose concerne l'attitude du juge. Pense-t-elle, car c'est une femme, que cet examen anal de l'un, gynécologique de l'autre, sera sans conséquences psychiques pour ces enfants ? A-t-elle imaginé la stupeur d'une petite fille voyant un étranger lui demander de retirer son slip et d'écarter les jambes ? Mais il y a pire : sur de simples rumeurs – comme il en court, dans tous les hôtels de luxe, parmi le petit personnel –, elle a ordonné l'incarcération des deux parents et le placement des deux enfants à la DDASS où le petit garçon a été l'objet d'un attentat sexuel : un plus grand que lui a exigé qu'il lui fasse une fellation. De cela, dira le procureur à l'audience, « je ne suis ni responsable ni coupable ». Je suppose que c'est la faute à pas de chance !

Le Dr Chaboutaud, un honnête homme celui-là, se sent responsable au point de donner son avis sur ce qui ne le concerne pas ; il se pose la question : quelle est la raison de ce décalage entre la réalité et la fiction judiciaire ? Cette question, les journalistes se la posent aussi. La mère des enfants étant divorcée d'un proche de Berlusconi, certains y voient une pression des autorités italiennes pour la faire taire car des documents extraits de son ordinateur, et versés au dossier, laisseraient entendre qu'elle sait beaucoup de choses. Mais je n'y crois pas. Qui pourrait croire que les juges en France ne sont pas indépendants ? D'aucuns pensent que si la juge a ordonné une enquête sur les ressources du couple (ce qui n'a aucun rapport avec les faits reprochés), c'est pour arriver jusqu'à Berlusconi, le clouer au pilori et connaître ainsi la gloire. Je n'y crois pas non plus. Qui pourrait croire qu'en France, aujourd'hui, des juges cherchent la notoriété ?

Si nous abandonnons ces deux hypothèses, qui ont pourtant leur cohérence, quelle serait l'explication ? Elle est à mon avis très simple. C'est le refus d'admettre la différence, de reconnaître l'altérité de l'autre. Les juges en France, sauf quelques débrouillards qui, après avoir dénoncé la corruption et l'abus des biens sociaux, se font embaucher à prix d'or par des multinationales, les juges en France, donc, ont de quoi vivre honorablement, mais pas plus. D'où leur étonnement indigné devant ceux qui n'ont pas le bonheur de vivre comme eux : les vagabonds ou les milliardaires en l'occurrence qui passent trois mois à Londres au Dorchester, puis trois mois à Venise au Danieli, puis s'installent au château de la Messardière à Saint-Tropez ; et si on est de gauche, car il est admis aujourd'hui que les juges puissent avoir des activités partisanes, alors malheur aux riches qui « oppriment le peuple » !

Suis-je un anormal ? J'ai toujours été intrigué par ceux qui ne me ressemblent pas. J'ai toujours eu la curiosité de l'Autre, aussi bien le vagabond que le chevalier d'industrie. Je l'ai écrit et répété : j'aimerais défendre mon pire ennemi afin de savoir pour quelles raisons on pourrait me haïr. Un avocat doit être capable de comprendre aussi bien l'assassin que la victime, le débauché comme le puritain, la « folle » comme le macho. Un avocat digne de ce nom doit être ivre de vivre. Je crains que le juge qui a enfermé mes clients n'ait jamais connu l'ivresse.

Toute histoire a une fin. Le procureur, un heureux homme ni responsable ni coupable de ce qu'il fait ou ordonne, a réclamé contre ma cliente quatre ans de prison et la déchéance de ses droits civils. Mon confrère du barreau de Grasse et moi-même avons réclamé l'acquittement. J'ai supplié le tribunal de rendre une décision courageuse. Il a préféré rendre une décision intelligente : dix-huit mois de prison. Si notre cliente fait appel, la justice avançant en France à un pas de sénateur arthritique, l'audience n'arrivera pas avant un an ; à ce stade, elle aura fait plus de dix-huit mois de prison si je compte les neuf mois de préventive qui viennent de s'écouler. Son innocence lui commanderait de faire appel mais, si elle est intelligente, elle acceptera l'injustice et renoncera par là à un recours devant la Cour européenne des droits de l'homme. Cependant, ayant fait la moitié de sa peine, elle pourra demander une liberté conditionnelle. Contente-toi de peu, dit un proverbe arabe, les justiciables en France sont souvent arabes.

17 septembre

Un repas à la française

Ma fille, qui habite New York, s'en va demain. J'ai voulu ce soir, avant son départ, lui faire goûter encore une fois l'exception française dans un restaurant au charme désuet, avec tableaux flamands et vitraux, où nous avons apprécié tous les deux en entrée les belons au champagne, puis un plat de poulet et homard cuits avec des morilles dans une casserole lutée... Enfin, pour elle, la farandole des fromages fermiers : saint-marcellin, chaource, reblochon et pont-l'évêque. Le tout arrosé de vosne-romanée. Nous avons tous les deux renoncé au dessert ; moi, pas à mon cigare.

18 septembre

Un message de mon ami Khieu

Je profite de cette journée calme pour dépouiller le courrier qui m'est parvenu pendant cette semaine que j'ai passée pour l'essentiel hors de Paris. La correspondance à laquelle j'accorde la priorité est celle qui me parvient de mon ami Khieu Samphan. De la masse de documents qu'il me fait parvenir, j'extrais la lettre du prince Norodom Sihanouk au Premier ministre de la république socialiste du Vietnam, M. Pham Van Dong, en date du 7 octobre 1979. Elle montre le rôle détonateur de l'intervention américaine au Cambodge en 1970. Et le drame des Khmers (rouges ou pas) pris dans l'étau de la guerre : les Américains d'un côté, les Vietnamiens de l'autre.

« Excellence,

« Vous vouliez bien, il y a quelques années, m'appeler votre ami et votre compagnon d'armes. Ces titres, je crois les avoir mérités par l'appui sans défaillance qu'au nom de la solidarité des peuples indochinois j'ai apporté au peuple vietnamien dans sa lutte contre l'impérialisme américain.

« Permettez-moi, pour l'histoire qui nous jugera, de procéder à un bref rappel des formes qu'a prises mon soutien au Vietnam en guerre et des conséquences que ce soutien a eues, tant pour moi que pour le peuple khmer. Dans la période la plus critique de votre combat, à la demande pressante de votre gouvernement, j'ai fermé les yeux sur l'installation en territoire cambodgien de camps de repos, hôpitaux et centres de ravitaillement de l'armée révolutionnaire vietnamienne.

« J'ai encore permis à vos alliés chinois, soviétiques, etc., d'utiliser notre port de Sihanoukville pour faire parvenir plus rapidement et plus sûrement que par voie terrestre leurs aides militaires et autres à vos unités opérant au Sud-Vietnam. Je n'ai accepté aucun argent pour tous ces services rendus.

« Des facilités très importantes accordées à vos forces ne pouvaient bien entendu qu'amener vos puissants ennemis à accuser le Cambodge d'avoir renoncé à sa neutralité et à organiser des opérations terrestres et des raids aériens de représailles dans nos provinces frontalières.

« Pour ce qui me concerne, les milieux bellicistes américains m'ont poursuivi de leur haine et ont incité les éléments khmers réactionnaires qui vous étaient hostiles à monter contre moi le putsch militaire du 18 mars 1970.

« J'ai été démis de mes fonctions de chef de l'Etat, accusé de " trahison au profit du Vietnam communiste " et condamné à mort. Notre monarchie bimillénaire a été abolie.

« Dans ces heures sombres, je gardais en mémoire le message par lequel vous m'assuriez, Excellence, de l'éternelle reconnaissance du peuple vietnamien, qui une fois libéré, disiez-vous, reconnaîtrait les frontières terrestres et maritimes du Cambodge, dont il respecterait scrupuleusement la souveraineté.

« Lors de la conférence de Canton, en avril 1970, où vous représentiez la République démocratique du Vietnam, M. Nguyen Huu Tho le gouvernement révolutionnaire provisoire du Sud-Vietnam, le prince Souphanouvong le Laos révolutionnaire et moi-même le Cambodge légal, nous avions juré, vous en souvenez-vous, de rester toujours unis, dans la guerre comme dans la paix. C'est en souvenir de la fraternité militante qui a existé entre nous, des engagements pris en commun et des serments échangés que je m'adresse aujourd'hui à vous. A l'heure actuelle, les forces vietnamiennes occupent la plus grande partie du territoire khmer et préparent une grande offensive destinée à en contrôler, si faire se peut, la totalité [...] »

J'avais prévu de me rendre ce soir à la grande réception organisée à Chantilly pour le championnat du monde de polo. J'y renonce. Cela fait une semaine que j'ai très peu dormi. Soirées d'Alger passées avec des amis jusqu'à 2 heures du matin, soirée passée à Draguignan à attendre très tard la décision du tribunal, puis à Nice où j'ai dîné et passé la nuit. Je vais dormir dix heures.

19 septembre

Courriers divers

Je suis absolument imperméable aux critiques imbéciles. Qu'on m'accuse d'avoir volé la tour Eiffel ou mis le feu à la bibliothèque d'Alexandrie ne me fait ni chaud ni froid. Par contre, le courrier aimable que je reçois de nombre d'inconnus me fait plaisir et m'encourage dans le chemin que j'ai choisi. Y verront du narcissisme ceux qui ont peur de se regarder dans une glace, quand il s'agit simplement d'amitié. Une étudiante en droit de Niamey, au Niger, m'écrit : « Depuis que j'étais au collège, j'ai entendu parler de vous. Vous savez comment? Parce que j'entends mes parents dire à une personne qui essaie de défendre une autre dans les petits conflits familiaux (juste pour rire) que cette personne joue au Vergès. Alors, un jour, j'ai demandé à ma défunte maman, qui il était ce Vergès. Elle a répondu : l'avocat français défenseur des causes indéfendables, surtout les chefs d'Etat, comme M. Traoré... Depuis qu'elle m'a parlé si admirablement de vous, je n'ai cessé de me dire que j'aimerais tellement vous ressembler. Acceptez-vous d'être mon mentor et mon coach ? Si oui, je suis prête à affronter tous les maux et les vices qui pourrissent le monde judiciaire dans mon pays (et qui me découragent) pour aller au barreau à la fin de mon troisième cycle. Sinon, je reste dans mon coin et je continue à vous admirer en cachette. »

D'une avocate de Draguignan, rencontrée avant-hier, je reçois ce mot : « Pardonnez-moi de vous avoir importuné. Mon livre est resté dans la bibliothèque à la maison et il continuera sa vie sans votre dédicace. Sachez que je l'ai lu avec bonheur. Votre culture, votre vivante révolte et aussi votre humour portent à mon sens un seul nom : l'amour. Vous êtes un gardien de phare. »

Enfin, d'un lecteur de Nouméa, ce commentaire sur un de mes livres paru en poche : « “ Mais Pierre avait une faiblesse invincible : il croyait à la justice. ” Page 211, cette phrase est la pointe, terrible et juste, de votre démonstration, celle qu'il n'est pas besoin de démontrer. On pourrait vous en reprocher le cynisme, mais, selon moi, c'est plus simple : vous expliquez aussi par là qu'un avocat exerce un légitime métier de défense et même de légitime défense à l'égard d'une institution judiciaire qui peut devenir le pire ennemi du justiciable (alors qu'elle devrait en être la sauvegarde, d'autant que celui-ci est d'avance et de droit soumis à son jugement) et surtout de ce type de justiciables que leur droiture et l'honneur (je reprends ici le mot que vous soulignez en fin d'ouvrage), quelles que soient leurs “ opinions ”, exposent plus que tout autre à l'injustice des “ institutions ”.

« Votre livre, *J'ai plus de souvenirs que si j'avais mille ans*, que je viens de terminer dans l'édition de poche “ J'ai lu ”, suffit à faire entendre, sans grandes démonstrations, ce que vous dites de votre métier mais aussi de vous-même. Lecteur tardif, donc, et de rencontre, je tiens à vous faire part du plaisir que j'ai eu, malgré et à la fois à cause du fait que je ne suis dans le principe guère d'accord avec les moyens que vous dites être ceux de votre action, récuser les tribunaux et faire appel à l'opinion. Cela prouve aussi, s'il en était besoin, qu'on peut bien mal juger de la réalité au travers des médias. Ce n'est pas une objection contre vos méthodes puisque, selon votre livre, il s'agit pour vous de pouvoir agir contre des injustices toute prêtes. En somme, surtout de celles qui, prononcées au nom d'une trop solennelle " Vérité ", font qu'on ne veut pas prendre le temps d'entendre l'accusé et d'admettre que, comme le disait Socrate dans *L'Apologie*, tout juge qui ne cherche pas avant tout la vérité manque à son devoir. En somme, votre livre fait voir ce que vous faites, et ceci me plaît, voilà ce que j'entends vous dire ici. »

De Liège, un confrère qui se bat pour la transparence de la justice me lance ce cri d'alarme : « La liberté d'expression des avocats en Belgique est menacée. Des règlements sont en préparation pour permettre au barreau de contrôler strictement les prises de parole publiques des avocats en dehors des prétoires. Cette tendance, il faut bien le dire appelée de ses vœux par la grande majorité des avocats belges, m'inquiète. »

20 septembre

Aimer la vie, est-ce être réactionnaire ?

Interviewé ce matin pour la chaîne catholique KTO sur l'IVG. J'ai, selon une mauvaise habitude, dit ce que je pensais, au risque d'apparaître pour un réactionnaire aux yeux des conformistes. J'ai défendu en leur temps, quand j'étais avocat stagiaire, des jeunes filles qui s'étaient fait avorter, et réclamé pour elles les plus larges circonstances atténuantes. Aujourd'hui, la Sécurité sociale, c'est-à-dire vous et moi, leur rembourse cette IVG qui est le nom pudique de la chose. Ce fait illustre le caractère passager des interdictions légales, mais pose des questions plus actuelles. Si on peut tuer un embryon de x mois, pourquoi ne pas aller jusqu'à neuf? Si on peut se débarrasser d'un fœtus qui donnerait naissance à un enfant handicapé, pourquoi s'arrêter au fœtus et ne pas continuer jusqu'à l'idiot du village ?

Ce sont des questions qu'il est de bon ton de ne pas poser et devant lesquelles on recule, comme on recule à nommer ce qui bouge dans le ventre de la mère, à utiliser les mots de fœtus, d'embryon, voire d'enfant. On leur préfère le mot « grossesse » qu'on interrompt comme on soigne un cancer.

21 septembre

Tempête sur l'Irak

Les nouvelles qui me parviennent d'Irak sur le procès de Saddam Hussein, Tarek Aziz et les autres, me laissent songeur. Selon une agence de presse, Saddam Hussein aurait déclaré ignorer l'usage du gaz contre les Kurdes, laissant ainsi entièrement la responsabilité éventuelle d'un tel usage à son cousin Ali. Selon une autre source, Tarek Aziz serait prêt à témoigner contre Saddam Hussein. Un hebdomadaire, par ailleurs, fait état de disputes entre la fille aînée de Saddam Hussein et le groupe d'avocats réunis par le bâtonnier d'Amman qu'elle a elle-même pourtant désigné. « Des divergences sont apparues récemment entre Raghad, la fille aînée de Saddam Hussein, qui réside à Amman (Jordanie) et le Collectif des avocats de l'ancien dictateur irakien. Raghad reproche à ces derniers de dilapider l'argent réuni pour financer la défense de son père dans des activités de relations publiques qu'elle juge inutiles. La situation s'était à ce point détériorée que Sajida, la mère de la jeune femme, qui réside à Doha (Qatar), a dû se rendre à Amman à la mi-septembre. La " médiation " a duré plusieurs jours. » Une autre source m'apprend que ce groupe d'avocats a porté plainte devant la Cour européenne des droits de l'homme contre la France concernant les crimes de guerre commis par les Américains en Irak !

Devant la peur de ces confrères de se rendre à Bagdad sauf garanties de sécurité que le gouvernement intérimaire nommé par les Américains est incapable de leur donner, j'avais envisagé de m'y rendre, désigné par les enfants de Tarek Aziz et quarante-deux proches de Saddam Hussein, par amour du beau geste. Mais un correspondant de presse, travaillant sur place et de passage à Paris, me fait part d'une réflexion de bon sens : « Vous ne savez pas ce qui se passe dans leurs prisons ni dans leurs têtes. Imaginez que vous soyez enlevé et que les intéressés vous désavouent. Vous serez cocu, battu et mécontent. » Je me suis abstenu, ne voulant pas cumuler ces trois situations ridicules, et j'attends d'y voir plus clair ; mais un procès où des accusés s'accuseraient les uns les autres n'est pas fait pour moi.

22 septembre

Les pigeons

Déjeuner avec un ami africain responsable socialiste dans son pays. La conversation vient naturellement sur la situation au PS français dont il a rencontré les dirigeants. « C'est terrible, me dit-il, l'air amusé. Ils vont sortir leurs couteaux et plus on avancera dans la consultation des militants, plus la lutte va se durcir. De cette prise de position inattendue de M. Fabius contre la Constitution européenne, et quel que soit le résultat du vote des militants, le PS va sortir affaibli et ses dirigeants, aussi bien les partisans du oui que du non seront déconsidérés. » Je lui rapporte le commentaire de Jacques Chirac à ce sujet, s'il faut en croire *Le Canard enchaîné* d'aujourd'hui : « Ah ! les cons ! » Il est obligé de rire et me demande comment des gens bénéficiant d'un contexte politique aussi favorable ont pu, tout d'un coup, se lancer dans une querelle fratricide aussi folle. « J'aime les animaux, lui ai-je répondu. Tous les animaux y compris les pigeons. Or il existe une race de pigeons appelés les culbutants. Ce sont ceux qui montent le plus haut, pour retomber brusquement en vrille. Vos amis sont montés trop haut parce qu'ils sont des culbutants. »

23 septembre

Des experts au-dessous de tout soupçon

Le journal *Le Monde* rend compte ce soir d'une étrange expertise à Toulouse. Le corps d'une jeune femme est retrouvé en 1990, les vêtements déchirés, une bombe lacrymogène entre les cuisses. Commis comme experts pour retrouver les causes de la mort, les Drs Bras et Alengrin concluent à une « intoxication médicamenteuse ». A la suite des remous de l'affaire Alègre, de nouveaux experts sont commis qui concluent en admettant « l'hypothèse d'une mort violente ». Un dentiste conclut non pas à l'hypothèse, mais à la certitude d'une mort violente, à la suite de la découverte dans le pharynx de la jeune femme d'un fragment dentaire. L'erreur des médecins légistes est inadmissible, mais les explications des uns et des autres le sont tout autant. Le gendarme qui dirige l'enquête dit : « Je suis profondément navré... Toutefois, si je reconnais des manquements au niveau des constatations initiales, à partir du moment où il y avait eu autopsie excluant l'hypothèse d'une mort violente, que pouvions-nous faire de plus ? » Ces explications montrent que, pour les enquêteurs en France, policiers, gendarmes ou juges, l'avis de l'expert (qui n'est qu'un avis) permet aux responsables de la justice de se défausser de leurs responsabilités. Le médecin légiste, forcé de reconnaître son « erreur », en donne une explication également intéressante : « Pour en revenir aux traumatismes dentaires observés, je conviens volontiers que nous ayons pu passer à côté... [mais] si nous avions vu la scène du crime telle qu'elle ressort des photos, cela aurait suscité de notre part des interrogations différentes. » En bon français, si les enquêteurs nous avaient mis sur la piste du crime, nous aurions conclu au crime.

C'est le serpent qui se mord la queue. L'expert constate ce que l'enquêteur lui suggère et l'enquêteur, à partir de l'expertise, détient la preuve qui confirme son a priori. La vérité judiciaire l'emporte alors une nouvelle fois sur la vérité tout court et il faut un scandale politico-médiatique pour que le dossier soit rouvert quatorze ans après le crime !

24 septembre

Le lit du procureur

Le procureur fait appel, sitôt connue la condamnation de ma cliente de Draguignan, prétendue bourreau d'enfants, à dix-huit mois de prison au lieu des quarante-huit requis ! La presse se fait immédiatement l'écho de sa démarche. La peine de dix-huit mois n'était pourtant pas un désaveu de l'accusation mais elle ignorait la hargne du parquet contre ces gens venus d'ailleurs, d'un milieu inconnu des procureurs, sans doute. Est-ce une coïncidence si le mot procureur commence comme Procuste, nom de ce brigand fabuleux qui forçait les voyageurs de grande taille à se coucher sur un lit normal et leur coupait la partie de jambe qui dépassait ? Les procureurs n'aiment pas non plus ceux qui les dépassent et, pour les ramener à la norme, disposent d'un lit appelé prison, dont ils ressortent brisés. C'est leur conception de l'Egalité qui figure au fronton des palais de justice. Paul Valéry, qui affirmait qu'on s'enrichit de la différence, passe à leurs yeux pour un esprit subversif, malgré son habit vert.

25 septembre

***« Il y a plus de choses dans le ciel et sur la terre, Horatio, que n'en rêve votre philosophie »* (Hamlet).**

C'est l'anniversaire de la mort de Barbie. Je me rappelle, je l'avais vu dans l'après-midi à l'hôpital, bardé de toutes sortes de tuyaux pour s'alimenter et respirer. Mais l'esprit était clair. Nous savions qu'il n'en aurait plus pour longtemps, mais je ne pouvais prévoir qu'il allait mourir quelques heures après mon départ. Depuis, chaque année, je téléphone à sa fille Ute, en Autriche, comme je l'avais fait ce soir-là, sitôt la nouvelle connue, et cela depuis plus de quinze ans. C'est un devoir que j'accomplis sans doute, mais chaque fois, avec le même bonheur, celui qu'on éprouve à tendre la main à un frère humain qui souffre. Max Scheller ne figure pas au programme des élèves magistrats de l'Ecole nationale de la magistrature et c'est dommage. Ils y découvriraient un mot qui ne figure ni dans le Grand Robert, ni même dans le *Trésor de la langue française*, le mot « empathie ». C'est la capacité de se mettre à la place de l'autre.

26 septembre

Céline ou Swift

A la sortie du palais de justice de Draguignan, un journaliste évoquait Céline et le *Voyage au bout de la nuit.* Je lui dis que je pensais plutôt à Swift, auteur en apparence, mais en apparence seulement, plus aimable.

« Comment ça ? me dit-il.

— Dans *Les Voyages de Gulliver,* lui répondis-je, vous trouverez tous les acteurs du drame que vous venez de voir. Les juges sont semblables au Roi des géants. A peine Gulliver lui a-t-il brossé un séduisant tableau de la vie en Angleterre, que celui-ci, qui n'arrive pas à se mettre dans la logique d'un autre, lui déclare : “ Il m'apparaît que la majorité de vos compatriotes sont la plus pernicieuse vermine à qui la nature ait jamais permis de ramper sur la surface de la terre. ” Les experts que vous venez d'entendre ressemblent à ces savants de Laputa, l'île volante : l'un d'eux cherche à obtenir des rayons de soleil à partir de citrouilles, un autre fabrique de la poudre à canon à partir de la glu.

— Et les avocats ? Les avez-vous trouvés dans Swift ? me demande le journaliste.

— Parfaitement. Parce que Gulliver a pissé sur le palais menacé d'incendie et l'a ainsi sauvé, on l'accuse de lèse-justice. L'avocat doit pisser sur le palais de justice quand celui-ci prend feu. C'est ce que nous essayons de faire avec nos modestes moyens. »

27 septembre

Curieux de comprendre mes clients, je le suis aussi de mes adversaires. L'injure, la diabolisation, la schématisation me font horreur. C'est la raison pour laquelle, après le verdict de Draguignan, je m'interroge sur l'appel du procureur. Les journaux m'apportent aujourd'hui la réponse. Ce sont les procureurs qui, apparemment, n'ont aucun respect des enfants et qui placent l'application autoritaire et schématique de la loi au-dessus du respect de l'autre.

Voici le récit que fait aujourd'hui le journal *Libération* sous le titre : « Opération commando à la maternelle de Draguignan ».

« Il était presque 9 h 30, jeudi : les enfants allaient entrer en classe. Quand, tout à coup, quatre policiers et le procureur de Draguignan [pas le même, un autre mais de la même maison] ont escaladé les grilles de l'école maternelle des Adrets-de-l'Estérel (Var) et bousculé le personnel. Mission : embarquer Charlotte, 4 ans, dont le père américain et la mère française se disputent la garde. Et renvoyer la fillette chez son père, aux Etats-Unis. “ C'était une opération commando, raconte Delphine Micoud, présidente du comité de soutien pour l'enfant et sa mère. Ils ont enjambé le portail, tous les gens de l'école ont eu peur. ” Echauffourées, hurlements et enfants en pleurs. Des dizaines de parents d'élèves étaient présents. Avec le personnel de l'école, ils ont formé un cordon humain autour de la fillette, de sa mère et de ses grands-parents. Des gendarmes sont appelés ; le procureur s'est lui-même impliqué dans l'opération : il a été photographié saisissant le bras de la fillette. Sans succès. L'enfant n'a pu être récupérée. Elle a, depuis, été vraisemblablement cachée dans le village ou ses alentours. »

Le journal *Le Figaro* rapporte ce commentaire du maire du village, Nello Broglio : « Les policiers se sont comportés comme des cowboys », et cette information : une cellule d'aide psychiatrique a été mise en place, destinée aux enfants qui ont assisté à cette intervention musclée. Au procès auquel je participais récemment, on sait que le procureur, évoquant l'attentat sexuel dont a été victime le fils de ma cliente, un enfant de sept ans, placé à la DDASS par décision de justice, a déclaré qu'il ne se sentait ni responsable ni coupable. Après l'échec du commando anti-scolaire, le procureur, lui aussi irresponsable et non coupable, déclare : « Cette décision de justice reste exécutoire », malgré la décision du juge pour enfants, en date du 2 août, de donner à la famille un délai de six mois « afin d'effectuer une évaluation psychologique de l'enfant ». Quant à la mère, elle été placée en garde à vue. Si vous avez des enfants fragiles, n'allez pas vivre à Draguignan.

J'ai plaidé cet après-midi devant la chambre de l'instruction de la cour d'appel pour demander l'annulation des mesures prises par le juge de Meaux contre le chef de la police congolaise en mission à Paris. Les droits-de-l'hommistes s'indignent que la France honore la convention de Vienne, pourtant ils n'ont jamais demandé qu'un juge français mette M. Kissinger sous mandat de dépôt pour les crimes commis au Chili à son instigation, ni M. Bush pour son agression contre l'Irak qui constitue un crime contre la paix. « Mais, comment voulez-vous qu'ils le fassent, me disait un confrère, quand ils lui ont fourni à l'avance les prétextes de cette agression ? » La Fédération internationale des droits de l'homme a en effet rendu public en janvier un dossier (à en croire le document, vieux de quelques décennies) sur les crimes divers attribués au président Saddam Hussein. Ne peut-on s'interroger sur la concomitance entre ce rapport et les préparatifs de guerre américains, l'un justifiant l'autre ? Human Rights Watch publiait, pour sa part, un autre dossier sur des faits qui remonteraient à quinze ans. M. Vidal-Naquet, qui préface cette contribution, après avoir comparé Saddam Hussein à Hitler, jure qu'il est « évidemment opposé à cette guerre ». Les humanitaires ne chôment pas. Ils sont contre la guerre, mais choisissent leur moment pour fournir à M. Bush les prétextes pour la justifier.

28 septembre

Une justice bien entretenue

Lors de la création du TPIY, le porte-parole de l'Otan a déclaré que les pays membres de l'Organisation en seraient les « financiers majoritaires ». Mais ce tribunal reçoit en outre des dons de gens qui ne veulent pas que du bien à la Serbie, des Etats comme l'Arabie Saoudite ou de simples particuliers comme M. Soros. C'est une justice hétaïre, cependant l'erreur de ses riches protecteurs est de penser qu'avec de l'argent on peut tout faire. C'est oublier l'accusé. A La Haye, malgré de mauvaises conditions de travail, Milosevic, se défendant seul, n'a pas été vaincu. Il a pu faire justice des accusations délirantes portées contre lui. Aussi le tribunal a décidé de le faire taire en lui substituant des hommes à son service. L'article 6 de la CEDH stipule que tout accusé a le droit de se défendre lui-même ou d'avoir l'assistance d'un défenseur de son choix. Ce droit est également affirmé par le statut du TPIY, adopté par le Conseil de sécurité, qui précise au paragraphe 4 de son article 21 que l'accusé a le droit de se défendre lui-même ou par l'intermédiaire d'un avocat de son choix (*the right to be tried in his présence and to defend himself in person or through legal assistance of his own choice*). Slobodan Milosevic a toujours affirmé clairement sa volonté d'assurer seul sa défense.

Au mois de juillet 2004, le TPIY annonçait néanmoins une « révision radicale » de la procédure. Peu de temps après, le TPIY tentait de convaincre Me Branislav Tapuskovic d'assurer la défense de Slobodan Milosevic contre sa propre volonté. Me Tapuskovic repoussa cette offre qui constituait, selon lui, une atteinte intolérable aux droits de la défense. Malgré tout, le 2 septembre 2004, le TPIY désigna de façon autoritaire deux avocats (Steven Kay et Gillian Higgins, également rejetés par Slobodan Milosevic), au motif contestable et contesté, y compris au plan médical, que l'état de santé de l'accusé ne lui permettait plus d'assurer sa défense.

Une telle modification « radicale » de la procédure est contraire au droit. La règle démocratique de la séparation des pouvoirs ne permet pas aux tribunaux de fixer eux-mêmes les règles de la procédure qu'ils sont chargés d'appliquer, encore moins de les appliquer rétroactivement, et l'article 6 de la CEDH stipule que « tout accusé a le droit d'interroger ou de faire interroger les témoins à charge et d'obtenir la convocation et l'interrogation des témoins à décharge dans les mêmes conditions que les témoins à charge ». On peut comprendre dans ces conditions que la plupart des témoins français, comme le général Gallois, M. Yves Bonnet, ancien patron de la DST, ou M. Kaspereit, ancien ministre, aient décidé de ne se présenter au TPIY qu'à la demande de M. Milosevic lui-même et de ne répondre publiquement qu'aux questions posées par M. Milosevic en personne. Toute requête de Steven Kay ou de Gillian Higgins, qui ne défendent pas les intérêts de M. Milosevic mais ceux du tribunal, demeurera sans réponse. En outre, si le TPIY se révèle incapable d'obtenir la convocation d'hommes politiques tels que Tony Blair, Jacques Chirac ou Bill Clinton, il ne pourra en aucun cas rendre la justice au terme de ce procès.

En définitive, le TPIY prétend lutter contre les « violations graves du droit humanitaire international » tout en violant les droits inscrits dans la Déclaration universelle des droits de l'homme et la Convention européenne des droits de l'homme. « L'intérêt de la justice » ne saurait en aucun cas justifier un tel mépris des droits fondamentaux d'un accusé. Il ne suffit pas de couper le micro de M. Milosevic, comme le faisait le juge Richard May, et comme le fait aujourd'hui le juge Patrick Robinson, pour réduire au silence la voix de la justice.

29 septembre

God bless America

Débat avec mon confrère Francis Terquem pour l'hebdomadaire *VSD*, Paul Wermus jouant le rôle d'animateur. Terquem et moi entretenons les meilleurs rapports du monde ; heureusement, tant nos points de vue sont opposés. L'intérêt est pour moi dans la franchise de ses propos. Pour lui, comme pour une bande d'anciens trotskistes moins avenants, les Etats-Unis sont la démocratie idéale et, de ce point de vue, sont fondés dans leur rôle missionnaire. Du même coup, la France, qui refuse ce protectorat, est qualifiée de pays petit et ridicule. Terquem évoque l'aide de la France à l'Irak dans le domaine nucléaire. Je lui fais remarquer que cette centrale dont il parle était précisément à usage civil et qu'on ne peut attribuer la même finalité aux toxines vendues par l'Amérique à l'Irak. C'est vrai, me dit-il, mais c'est que l'URSS existait encore, comme si, à ses yeux, la lutte contre le communisme justifiait l'usage d'armes biologiques. On parle d'islamisme, mais il y a aujourd'hui un intégrisme de la démocratie plus dangereux que tous les autres intégrismes.

La Cour de cassation examine cet après-midi le pourvoi en cassation du préfet Bernard Bonnet, condamné le 15 janvier 2003 par la cour d'appel de Bastia pour la destruction en avril 1999 de deux paillotes en Corse. Dans cette affaire, le préfet Bonnet, au départ, a choisi comme avocat un ancien ministre socialiste, puis l'avocat de M. Juppé et de la hiérarchie gendarmique. Il a été défendu en première instance par d'autres avocats encore et a écopé de trois ans de prison dont un an ferme. Intervenant en appel, je mettais pour la première fois au centre des débats le gouvernement socialiste de M. Jospin et la hiérarchie des gendarmes. La cour n'a pas voulu m'entendre pour des raisons que je me garderai bien de deviner et a confirmé la peine. Pourtant, au cours des débats, il était apparu que la hiérarchie de la gendarmerie avait conseillé aux mis en cause le silence, l'omerta. La cour avait également refusé d'entendre M. Jospin et son directeur de cabinet dont l'audition apparaissait nécessaire. Les cours ont leurs raisons que la simple raison des citoyens ne connaît pas. La Cour de cassation, présidée par un ancien membre du cabinet de M. Badinter, rendra sa décision le 13 octobre.

30 septembre

Courrier

Un confrère du Sud-Ouest me propose d'être à ses côtés pour la défense d'un condamné par erreur et totalement insolvable : « En lisant votre livre sur les erreurs judiciaires, j'ai eu le sentiment que, dans l'affaire X, se trouvaient concentrés tous les ingrédients qui mènent vers l'erreur. Je souhaite donc vous associer à la suite qui sera réservée au sort de M. X. (Je vous signale à toutes fins utiles que M. X est totalement insolvable, notamment puisqu'il a déjà passé à peu près deux ans en détention.) Puis-je avoir la possibilité d'annoncer la nouvelle suivante : Me Jacques Vergès s'associe à la défense de M. X ? [...] »

Un défenseur des conducteurs âgés m'écrit : « Le gouvernement s'en prend à la violence routière. L'intention est louable, mais il ne faut pas se tromper de cible. Chacun connaît la cause de ce terrorisme plus ou moins inconscient, aggravé par l'alcool et la drogue, mais consécutif au mot d'ordre à la mode : " Ote-toi de là que je m'y mette. " En montrant du doigt les conducteurs les plus âgés, comme on s'est empressé de le faire, on a mis d'emblée à côté de la plaque. De nos jours, l'automobile est perçue d'abord comme un symbole d'autonomie, non comme un simple moyen de locomotion. Elle fait partie de la qualité de la vie et représente, en particulier dans les zones rurales et les banlieues, un lien social dont la disparition équivaudrait, pour maints retraités, à une condamnation à mort. »

Un policier de Perpignan me demande d'être son conseil contre un notaire qui l'aurait spolié et conclut sa lettre par ces mots : « En espérant, mon cher maître, que ma pauvreté ne fera pas obstacle à la justice [...]. »

Une personne âgée de la région PACA me demande de l'aider à obtenir justice : « Je suis âgée et mes finances s'en ressentent, mais si Dieu me donne sa force, j'irai jusqu'au bout. J'attends de vous un soutien, si c'est possible, pour que justice me soit rendue et que je puisse terminer ma vie paisiblement. »

Une avocate « originaire des DOM » ayant longtemps exercé en Afrique me demande de la prendre à mon cabinet.

1er octobre 2004

Le viol et le voile

Des jeunes filles musulmanes, se souvenant que j'ai défendu les deux collégiennes de Creil qui avaient été dans ce domaine des pionnières, me demandent mon avis sur l'opposition qui est faite entre Droits de l'homme et religion. Les Droits de l'homme sont « l'horizon moral de notre temps », selon Robert Badinter, leur dis-je, mais une sorte de flou enveloppe la notion même des droits fondamentaux, comme le constatent les juristes Rivero, Favoreu et autres. Tout est dans l'interprétation qu'en font les grands prêtres à Washington, Londres ou Paris. C'est ainsi que les rédacteurs américains de la première Déclaration des droits de l'homme ne voyaient aucune contradiction à affirmer, d'un côté, que tous les hommes naissent libres et égaux, de l'autre, qu'ils pouvaient posséder des esclaves. J'ai parlé de grands prêtres car les Droits de l'homme sont devenus une véritable religion. Ils sont ou doivent devenir, selon Elie Wiesel, « la religion séculière mondiale » et, comme toute religion, elle a ses tartuffes et ses inquisiteurs. Les responsables du maintien de l'ordre admettent aujourd'hui que, pendant la guerre d'Algérie, le viol des femmes algériennes était systématique hors des grandes villes. Mais les auteurs du putsch du 13 mai 1958 ne voyaient aucune contradiction à organiser sur le forum d'Alger des cérémonies où des créatures affublées du voile islamique le rejetaient, pour affirmer la libération de la femme musulmane prétendûment opprimée par sa religion. Ils pensaient sans doute que la liberté religieuse portait plus atteinte aux Droits de l'homme que le viol ou la torture. Je conseille à ces collégiennes : ne croyez pas ceux qui vous serinent les Droits de l'homme, ce sont des escrocs.

2 octobre

Un mot de passe

Les jours où je suis seul, où je ferme mes dossiers, où j'essaye, après m'être beaucoup donné, de rentrer en moi comme d'autres écoutent Mozart, je lis Nerval ou Rilke. Depuis un voyage à Belgrade, je sais aussi que Rilke peut être un mot de passe.

Invité par le doyen de la faculté de droit de Belgrade à faire deux conférences aux étudiants, l'une sur la profession d'avocat, l'autre sur le tribunal illégal de La Haye, des amis du président Milosevic m'avaient conduit un soir dans une vieille auberge, au bord du Danube. Là, un orchestre avait interprété pour moi un vieil air nostalgique datant de la Première Guerre mondiale : l'amitié entre la France et la Serbie est bien antérieure à l'Union européenne. Après le repas, abondamment arrosé de vin de Dalmatie et de vieille prune chaude, au moment de nous séparer, tard dans la nuit, je notai que toutes les lumières s'étaient éteintes dans les vieilles maisons alentour sauf dans une chambre, au dernier étage d'un immeuble. Je fis la remarque que Rilke, quand il était à Paris, s'interrogeait obsessionnellement sur cette lumière dans la nuit. Eclairait-elle une amante abandonnée et pleurant, un poète cherchant une rime, un homme ruiné songeant au suicide ? C'est alors qu'un jeune responsable, courtois mais distant, me dit cette phrase qui m'intrigua : « Rilke, maître, est un mot de passe. » De retour à mon hôtel, je m'interrogeai sur cette phrase énigmatique. C'est le lendemain que j'en compris le sens quand, m'apportant le petit déjeuner, le garçon me remit en même temps un recueil de poésie dont mon interlocuteur était l'auteur.

3 octobre

La ronde des fromages

Quand des hommes sont vaincus, leur langue peut disparaître et ne plus subsister que dans les noms des fleuves, lacs ou montagnes, tels aux Etats-Unis le Mississippi, le Missouri, l'Arkansas, le Wyoming ou l'Oklahoma. En France, en Gaule, les premiers habitants, les peintres de Lascaux ou les sculpteurs de Brassempouy ont laissé un nom de fromage, la tomme. Parce qu'il vient de loin, son appellation recouvre beaucoup de fromages différents dont mon fromager de la rue des Martyrs m'offre aujourd'hui un large éventail qu'il commente comme si, pour nous, le temps s'était arrêté. A côté de la tomme de Savoie à l'odeur de cave et de moisi, il me fait sentir la tomme d'alpage « qui sent l'homme ». A côté de la tomme de Faucigny dont la croûte couleur de brique est recouverte de moisissures blanches, voici la tomme de Seyssel recouverte de « poils de chat ». A côté de la tomme du Mont-Cenis qui sent la fleur sauvage, voici la tomme au marc de raisin, ivre jusqu'au cœur. La prochaine fois, me promet-il, je vous montrerai des tommes de chèvre.

4 octobre

Dernier combat

Ancien premier secrétaire de la Conférence du stage, Varaut fut un partisan de l'Algérie française, et, à ce titre, induit en erreur par ses amis, m'avait accusé à l'époque d'avoir travesti la vérité en dénonçant la torture, jusqu'au jour où il eut à défendre des membres de l'OAS qui avaient connu à leur tour les sévices réservés jusque-là aux membres du FLN. Il tint alors à m'adresser publiquement ses excuses. Membre de l'Institut, à la tête d'un cabinet prospère, il n'a pas hésité à se charger d'une cause dite indéfendable en acceptant la défense de Maurice Papon devant la cour d'assises de la Gironde et, depuis, a veillé scrupuleusement sur les intérêts de son client. C'est encore pour Papon qu'il plaidait aujourd'hui contre la chaîne Histoire. Gravement malade, il a tenu, avant de raccrocher définitivement sa robe, à mener ce dernier combat où il n'a rien à gagner que des coups. Mais les coups du conformisme sont pour les vrais avocats – et Jean-Marc est de ceux-là – la meilleure reconnaissance de notre dignité. Ce soir, il a plaidé avec simplicité et talent.

5 octobre

Une cérémonie émouvante

Ce soir, à la chancellerie, place Vendôme, le garde des Sceaux a remis à André Decocq, doyen honoraire de la faculté de droit de Lyon, professeur émérite à l'université Panthéon-Assas, professeur honoraire à la faculté de droit de Beyrouth, les *Mélanges* qui lui sont dédiés et auxquels j'ai collaboré. Réunion de bon ton certes mais où la courtoisie n'exclut pas la sincérité. Réunion émouvante aussi par l'estime réciproque des participants, parmi lesquels on pouvait reconnaître M. Foyer, l'ancien ministre du général de Gaulle, l'ambassadrice du Liban, le Pr Dana de Lyon et Me Sarda, qui fut premier secrétaire de la Conférence du stage de la promotion qui m'a élu, le procureur général près la Cour de cassation, M. Burgelin, et un professeur d'Alger. En sortant, je contemplai avec surprise, pour la première fois, la colonne Vendôme qui, à la réflexion, ne peut pas ne pas apparaître comme la manifestation d'un ego extravagant. Non pas que cet ego soit rare chez les politiques, mais les politiques peuvent se livrer à ce genre d'autocélébration sans être ridicules, tout au moins jusqu'à ce jour. Combien plus simple est la croix de Lorraine du général de Gaulle à Colombey.

6 octobre

Mon Dieu, pardonnez-leur

L'émission de M. Ruquier passe pour être un divertissement ; avec moi, ce soir, elle ressemble plus à un pugilat. Les critiques d'un journaliste estampillé « de gauche » et d'un ancien responsable « Vert », d'une violence incroyable, ne visaient pas tant mon livre *La Démocratie à visage obscène* que ma personne. M. Benichou a repris les mensonges habituels. La stratégie de rupture que j'ai appliquée dans les procès du FLN, pour des raisons politiques, aurait abouti à la condamnation de mes clients. Il oublie simplement que je suis le seul avocat dont les clients condamnés à mort n'aient pas été exécutés. Quant à M. Pocrain, ancien porte-parole des Verts, ma défense, « courageuse » – il veut bien le reconnaître –, lui est restée en travers de la gorge. Aucun de ses amis, en ce domaine, n'en a fait autant, et là où le bât le blesse encore, c'est que la défense de Barbie n'a choqué aucun de mes amis outre-mer. Face à cette meute, j'ai gardé mon sourire. Ce soir, M6 diffuse mon interview sur Cheyenne Brando. Que j'y montre du cœur va encore les choquer : ils voudraient que je ressemble à la caricature qu'ils font de moi...

7 octobre

Les vieux de la vieille

Déjeuner au Fouquet's avec Pierre-Marie Gallois et Gabriel Kaspereit. Repas d'octogénaires joyeux et pessimistes tout à la fois. Je me suis souvent demandé d'où venait chez certains cette joie adolescente qui ne les quitte jamais et je crois en avoir trouvé la source : c'est d'avoir fait dans la vie ce qu'on a eu envie de faire, sans autre souci que de se plaire. L'Occident est malade, nous en convenons. Il ne croit même plus en lui. La recherche générale du plaisir tue le plaisir. Sade aujourd'hui se ferait ascète par dégoût de la chair dévaluée. On évoque Rome cernée par les barbares. Mais c'est pire. Rome léguait aux barbares son dieu nouveau et son droit. L'Occident d'aujourd'hui ne peut léguer aux autres que la grimace d'une prostituée après l'amour. La technique, nous dira-t-on, mais elle n'a pas d'âme ni de maître.

Nombreux coups de fil de téléspectateurs choqués par la hargne et la grossièreté de M. Benichou, hier, contre moi. J'en suis d'autant plus touché que cette agressivité m'a laissé indifférent, ne m'a pas blessé et devait, par son excès même, m'attirer les sympathies.

8 octobre

Le poids des croyances

Je suis toujours intéressé par l'influence occulte des croyances sur le comportement humain. J'ai déjeuné à midi dans un restaurant de poisson avec un diplomate d'un pays méditerranéen, de religion orthodoxe. Après un exposé très clair de la situation dans l'ex-Yougoslavie, il en est venu tout d'un coup à me parler de la quatrième croisade avec une passion telle qu'on eût pu penser qu'elle datait d'hier. A mon retour au cabinet, j'ai pris connaissance de cette lettre d'un jeune confrère juif qui, certainement, n'aurait pas éprouvé le désir de m'écrire s'il n'avait pas été juif : « Il y a maintenant de nombreuses années, je vous avais passé un message de sympathie alors que vous étiez accusé d'antisémistime. Vous aviez eu la gentillesse de me téléphoner pour m'en remercier. Les attaques honteuses dont vous avez été l'objet hier soir, à l'émission de Laurent Ruquier, ont démontré que l'intolérance n'avait pas désarmé. Le ridicule a heureusement dépassé l'odieux quand une péronnelle vous a reproché de parler " toujours " de la guerre d'Algérie. Sujet effectivement sans intérêt pour les gens de gauche ! »

9 octobre

Qui est raciste ?

J'ai eu souvent l'occasion de citer la phrase stupéfiante de Léon Blum à la Chambre des députés le 9 juillet 1925 : « Nous admettons le droit et même le devoir des races supérieures d'attirer à elles celles qui ne sont pas parvenues au même degré de culture et de les appeler aux progrès réalisés grâce aux efforts de la science et de l'industrie. » Le droit des races supérieures ! Ces paroles ont été prononcées devant la Chambre des députés issue des législatives de 1924 qui amenèrent la victoire du Cartel des gauches. Un lecteur amusé m'adresse aujourd'hui le livre de Léon Daudet intitulé *La Chambre nationale du 16 novembre*, où l'auteur évoque ses souvenirs de député de la Chambre *bleu horizon*. Lui aussi parle des Africains, non comme des arriérés, mais comme des gens qui en remontreraient à beaucoup de Blancs. « La puissance oratoire et l'habileté technique de trois députés noirs, MM. Boisneuf, Candace et Diagne, n'étonnent pas ceux qui réfléchissent aux pas de géant accomplis, depuis quelques années, par la race si peu connue, et si méconnue, de l'oncle Tom [...] Je trouve scandaleux qu'on n'ait encore rien fait pour les noirs après ce que les noirs ont fait pour nous. Ni humainement, ni politiquement, cette sécheresse n'est digne du gouvernement, ni de la Chambre du 16 novembre. Il faudra absolument réparer cela. La race noire monte, il n'y a pas d'erreur, et elle monte vite. Gare à ceux qui ne le comprennent pas ! Un Boisneuf, un Candace, un Diagne, en sont la preuve, en chair et en os. » Léon Daudet donnant une leçon d'antiracisme à Léon Blum, seuls s'en étonneront les âmes simples.

10 octobre

Un rêve

L'ennui, avec les rêves, est qu'on oublie leurs péripéties au réveil, et l'impression qu'ils laissent agace comme un bonheur dont on ignorerait la cause. Cette nuit, j'ai eu plus de chance. J'étais sur le seuil d'une ferme ancienne quand Gudrun, ma doberman morte depuis longtemps, accourut vers moi et m'interrogea de ses grands yeux noirs surmontés de deux taches de feu. Nous nous sommes poursuivis à travers les taillis, elle aboyant et jappant, moi riant et ahanant. Mais, à notre retour, elle disparut tout à coup, et la vieille ferme devint une villa claire au bord de la mer. Tandis que je contemplais la houle, Gudrun, réapparue mystérieusement, se mit en tête de me rapporter tous les galets de la plage. A la fin, je fus l'objet d'une telle joie que je ne pus m'empêcher de hurler. Un cri qui fit s'envoler les tuiles du toit et me réveilla dans un deuxième sommeil. Je me mis à chercher dans ma chambre, vainement, les débris du toit. Je me dis que j'avais rêvé et ne savais pas que je rêvais encore. Alors je rejoignis mon lit et dormis jusqu'au matin, une sirène entre mes bras.

11 octobre

Le temps du mensonge et de l'inavouable

Il fut un temps où, dans une société moins éclatée, les solidarités familiales, de castes, de promotions, étaient avouables. Les anciens de la France libre, quels qu'aient été par la suite leurs choix, continuent à s'estimer. Mais ces solidarités ont fait place de nos jours à des solidarités inavouables et par cela même clandestines. Cette corruption atteint tout le corps social.

Par expérience professionnelle, c'est la corruption dans la magistrature qui m'est la plus visible. La presse rend compte aujourd'hui du cas d'un magistrat connu, à tu et à toi avec un homme politique, maçon comme lui, poursuivi dans des affaires de casinos et dont il a instruit l'affaire alors que leurs relations lui commandaient de se déporter. La concubine du juge, avocate, obtient un permis de visite pour voir en prison l'homme politique. Un membre de la mafia calabraise, lui aussi, tutoie le juge, qui a bien entendu instruit son affaire. Un autre mafieux remet de l'argent à la concubine pour obtenir du juge un casier vierge, etc. Cette affaire n'éclate que parce qu'un procureur atypique, décrit comme dangereux par sa hiérarchie, s'y est attelé.

Ce juge n'a pas de chance. Il aurait pu comparaître devant ce TGI dont le procureur, condamné pour vol de meubles, lui aurait montré de l'indulgence. Ou encore devant ce tribunal dont le procureur, bien vu par les milieux politiques tant de droite que de gauche, chargé de la lutte contre le proxénétisme, en profitait pour avoir table et cuisses ouvertes chez les proxénètes.

12 octobre

Un film document

Déjeuner avec un jeune metteur en scène anglais connu, intéressé par un film documentaire sur ma personne. Nous convenons que ma vie privée, heureuse mais banale, n'est qu'un élément accessoire du film, que, de même, ma prétendue « disparition » pendant dix ans ne fait pas pour autant de ma vie un roman d'aventures.

13 octobre

Le procès des emplois fictifs du RPR

Le procès des emplois fictifs du RPR s'ouvre en appel à Versailles. Défenseur de Mme Casetta, ma stratégie consiste à faire en sorte que les politiques ne se défaussent plus sur elle de leurs responsabilités, mais sur eux réciproquement.

Un premier pas vient d'être accompli aujourd'hui quand M. Galley, ancien ministre et trésorier du RPR, tout en prétendant avoir tout ignoré du système, admet que Mme Casetta ne peut pas en porter seule « le chapeau trop grand pour elle ». Mais qui, lui demande la présidente de la cour, devrait le porter ? M. Galley ne répond pas. Le connaissant, je sens bien qu'il ne pourra en rester là, sous la pression des questions d'une présidente qui connaît parfaitement le dossier.

Les gens sans passé pourront s'étonner de mes rapports visibles de camaraderie avec Galley. Ils oublient simplement que nous avons participé tout jeunes à la grande aventure gaulliste, lui, dès 1940, moi en 1942, à dix-sept ans.

14 octobre

Procès de Versailles (suite)

Le procès a fait un pas de plus dans le sens que je souhaitais. M. Galley, aujourd'hui, nie ses responsabilités, ne conteste pas que Mme Casetta ait agi sur ordre, mais soutient que les ordres venaient du directeur de cabinet d'Alain Juppé, Yves Cabana.

« Avec l'accord de M. Juppé ? lui demande la présidente.

— Je n'en sais rien, répond-il, c'est leur affaire. »

M. Boyon, ancien ministre, conseiller à la Cour des comptes qui lui succède, dit également ne pas avoir été au courant. Je lui demande :

« Voudriez-vous dire que les directions administratives et financières dont dépendait Mme Casetta étaient autonomes ?

— Non, répond-il. Le directeur administratif et financier dépendait du secrétariat général. »

Désormais, ce sont les responsables politiques qui se rejettent les uns sur les autres la responsabilité des directives données à Mme Casetta. Exécutante zélée certes, elle n'est plus l'électron libre décrit par les juges de Nanterre.

15 octobre

Procès de Versailles (suite)

La boucle est bouclée. Entendus aujourd'hui, MM. Juppé et Stefanini, son ex-directeur de cabinet au RPR, opposent un démenti crispé aux accusations des trésoriers. Ce sont ces derniers qui avaient le monopole des relations financières avec les entreprises, affirme M. Juppé. Que des hommes distingués, ayant eu de hautes responsabilités dans le passé et aspirant récemment pour l'un d'entre eux à de plus hautes responsabilités encore, se rejettent ainsi la responsabilité d'une situation dont ils sont tous responsables est un spectacle d'une grande tristesse.

« En somme, dit la présidente, plus on monte dans l'échelon des responsabilités, moins on en sait, et vous, au sommet, vous ne savez rien. »

Et tous d'opiner piteusement.

16 octobre

Débat sur France 2

Débat ce soir sur France 2 dans l'émission animée par Thierry Ardisson, sur *La Démocratie à visage obscène*. Le seul à m'attaquer et à attaquer le livre est M. Frédéric Beigbeder qui, de jeune insolent, est devenu en quelques années un beauf de la pensée unique. Mon livre serait démagogique, selon lui, parce que tout le monde est d'accord. En fait, l'argument, inconsistant, se dilue dans la suite des débats. La démocratie n'est pas obscène puisqu'elle serait capable de s'amender. Mais l'argument n'efface pas son obscénité d'aujourd'hui et comment savoir si elle va s'amender ? En Irak, me répond-il, il y aura bientôt des élections libres. Je ne peux m'empêcher de rire. Il éclate : vous êtes un homme dangereux.

Cette nervosité à propos de mon livre illustre bien le partage de la France en deux camps ; celui de l'inféodation à l'Amérique et celui de l'indépendance française, représenté par ces trois lettres que je reçois aujourd'hui :

« Maître,

« J'étais plongé dans des lectures de physique nucléaire – car le philosophe doit s'intéresser aux mots, mais aussi et surtout aux choses, telles que les sciences de la nature ou de l'homme nous les révèlent – lorsque votre livre *La Démocratie à visage obscène* est arrivé, fixant par là même ce qui serait mon occupation de cet après-midi.

« J'avais détesté la guerre de l'Irak contre l'Iran et détesté tout autant la première guerre d'Irak. J'ai senti que la seconde guerre allait arriver, qu'une volonté malfaisante était déterminée à l'agression, quoi qu'il en soit des prétextes. L'Irak, affaibli par des années d'un embargo criminel, ne pourrait résister.

« J'ai noté bien des choses, tant au plan des faits qu'au plan du droit. Mais tout cela me dégoûte tellement que j'ai peine à le penser d'une manière organisée. Votre livre m'apporte une puissante synthèse de tout ce que je savais d'une manière disparate avec, en plus, beaucoup de choses que je ne savais pas. Et cela, non certes, avec la froideur d'un historien – quoique l'objectivité soit sans reproche – mais avec la colère terrible, quoique maîtrisée, de l'homme qui, dans sa noblesse, ressent presque de l'étonnement devant tant d'injustice et d'inhumanité.

« Ce livre, par la vérité qu'il fait éclater avec force, doit aider à la prise de conscience de ceux qui refusent de voir ou d'appeler les choses par leurs noms, mais aussi au combat de tous ceux qui ne veulent pas que l'inhumanité finisse par l'emporter sur cette terre. Vous ne négligez pas les notes d'espoir. Peut-être les malfaisants seront-ils un jour jugés. Il ne faut pas désespérer, même de l'Amérique. De toute façon, n'est-ce pas, il n'y a jamais d'autre solution que le refus formel de désespérer.

« Je me sens vraiment honoré d'avoir reçu ce livre – autant que touché par votre dédicace. Je vous en remercie infiniment.

« Ce livre en ce moment, est une action qui aura dans les âmes, des effets profonds. C'est toute l'humanité qui doit vous remercier.

« Je voudrais vous dire ma gratitude et tout mon respect, dans l'admiration et l'amitié. Marcel Conche. »

« Cher Jacques,

« Il était temps et il est salutaire de dénoncer en un ouvrage clair, au ton mesuré, à l'argumentaire à la fois simple et subtil, cette obscénité que notre diplomatie peine toujours à qualifier. Il était temps de dire avec force que le droit international ne peut s'exonérer des simples obligations du droit commun, et que les faux démocrates ne sont rien d'autre que des délinquants et des criminels passibles des peines prévues par le droit pénal élémentaire. Bush, Blair, Berlusconi, Aznar et quelques autres forment une association de malfaiteurs. Ils ne sont pas les seuls. Un livre comme celui-ci nourrit notre besoin de résistance, grâce à une alimentation pure de tout additif frelaté. Jean-Claude Pirotte. »

« Vous avez écrit un excellent livre, vivant, dans son horreur et amenant à des réflexions qui m'ont rappelé Dachau. Gabriel Kaspereit. »

17 octobre

Le château et l'église

Ce sont les journées Ravel à Montfort-l'Amaury. Le matin, nous avons droit à un concert au château de Groussay, suivi d'un repas. Mme de R. est effarée par les récits que je lui fais de certains procès de la vie ordinaire. M. de L. me dit que les animaux ne connaissent pas la haine. Mais, lui dis-je, ils ne connaissent pas non plus la compassion. L'homme seul se reconnaît dans un miroir.

« Alors ? me demande-t-il.

— Alors, ou il s'aime ou il se déteste. »

L'après-midi, à l'église Saint-Pierre, nous avons eu le plaisir d'écouter des jeux d'orgue avec la participation de la maîtrise de Notre-Dame-de-Paris. Bach, Mendelssohn, Brahms, Franck, Messiaen, Couperin, Fauré, Landowski et deux Anglais étaient de la fête, mais Ravel, curieusement, était absent. Puis retour au château pour le thé. Dans la voiture qui me ramenait le soir à Paris, un ancien préfet de la République constate :

« Ainsi, maître, vous pactisez désormais avec le sabre et le goupillon.

— Depuis le pacte germano-soviétique, lui dis-je, les pactes m'ont toujours fasciné. »

18 octobre

Dieu est-il américain ?

La plaisanterie du préfet me revient à l'esprit. Mme de R. et M. de L. sont croyants mais ils ne me parlent pas de leur Dieu. Ce sont des aristocrates. Peut-être même pensent-ils confusément que leur Dieu ne peut être le mien. Aucun danger donc de croisade. Ce n'est pas le cas avec la droite américaine dont la base est populaire. Leur Dieu, respectable comme tous les autres, devient odieux quand ils veulent l'imposer de force à des peuples dont l'histoire est différente. Quand le révérend Pat Robertson, fondateur de la Christian Coalition et dirigeant actuel du réseau planétaire de télévision chrétienne par satellite, remet en cause la théorie de l'évolution au nom de Dieu ; quand la Cour suprême des Etats-Unis examine la question de l'affichage des Dix Commandements dans les écoles et les tribunaux ; quand les dirigeants de sectes appellent à voter Jésus, c'est-à-dire Bush, je pense que le mot de « croisés » choisi par M. Ben Laden pour désigner les Américains et leurs complices en Europe n'est pas immérité.

19 octobre

La nuit américaine

Débat intéressant chez Patrick Poivre d'Arvor sur l'évolution de la politique américaine entre Dominique de Villepin, Douglas Kennedy, Guy Sorman, Christine Ockrent, Pierre Alexandre, Didier Van Cauwelaert et moi-même. Derrière les conversations toutes en nuances des différents intervenants, l'image subliminale du néomessianisme américain fait peur. Voilà des dizaines de millions de gens persuadés qu'ils sont le nouveau peuple élu, qu'ils ont le droit de traiter leurs ennemis comme Israël, selon la Bible, a traité, c'est-à-dire détruit, les Cananéens, les Jébuséens et autres Philistins. Voilà des responsables politiques qui prétendent être désignés par Dieu pour vaincre le mal, qui intitulent la guerre en Afghanistan « Justice infinie », qui fixent comme objectif à leurs entreprises « une fin au mal ». Dans le temps, Pauwels et Bergier avaient dépeint la folie meurtrière des nazis sous l'appellation « le matin des magiciens » ; Malraux, dans une prophétie fameuse, a déclaré que ce siècle serait religieux ou ne serait pas. Mais personne n'avait prévu ce délire sectaire. N'y a-t-il pas plus d'humanité dans le culte vaudou que dans ce vertige de grande puissance confondant aujourd'hui Dieu et l'oncle Sam ?

20 octobre

La broyeuse

Le directeur de cabinet de M. Juppé au RPR, Patrick Stefanini, était rémunéré par la Ville de Paris. Il affirme y avoir travaillé réellement, mais ne peut produire la moindre trace écrite de son travail.

« J'ai quitté mes fonctions le 31 décembre 1994, dit-il, et remis mes notes au secrétariat particulier du maire, qui les a détruites, comme de coutume, à la broyeuse. »

Pourquoi ? M. Stefanini invoque une coutume.

« Quand Yves Cabana, chargé de mission à l'Hôtel de Ville, a été nommé comme vous directeur de cabinet de M. Juppé, au RPR, il a demandé à être payé par le parti. Pourquoi n'en avez-vous pas fait autant ? » demande la présidente.

C'est M. Juppé qui répond :

« M. Stefanini, en fait, n'était qu'un demi-directeur, Cabana restant au cabinet comme conseiller. »

La journée est confuse, plutôt mauvaise pour MM. Juppé et Stefanini.

21 octobre

Le RPR d'en haut et le RPR d'en bas

M. Stefanini a fait citer aujourd'hui quelques témoins chics (le RPR d'en haut) pour démentir les témoignages des secrétaires et autres standardistes (le RPR d'en bas) qui prétendaient qu'il était en permanence au RPR. Il y a là Christine Albanel, ex-directrice adjointe au cabinet du maire, aujourd'hui présidente de l'établissement public du château de Versailles, et Jean-Pierre Denis, ancien directeur adjoint du cabinet de M. Chirac, qui affirment au contraire que M. Stefanini était en permanence à la Mairie de Paris. La présidente lui demande pourquoi il n'a pas fait citer le directeur de cabinet du maire plutôt que ses adjoints. M. Stefanini ne peut pas donner d'explication à cet oubli. C'est M. Juppé qui apporte ensuite involontairement la réponse. A la présidente qui lui fait observer que M. Roussin refuse la responsabilité de l'embauche de certaines personnes, dont M. Stefanini, Alain Juppé répond : « Je le conteste formellement. »

Le couvre-chef qu'on a enlevé de la tête de Mme Casetta est placé aujourd'hui sur la tête de M. Roussin, comme il l'avait été la semaine dernière sur celle de M. Cabana.

22 octobre

Echec et mat

Réservant les cas les plus graves pour la dernière journée des débats, la présidente a porté à Alain Juppé un coup mortel. Il suffit de voir comment la presse en rend compte pour s'en convaincre. *Libération*, sous le titre : « Toussotements et embarras chez Juppé », donne le ton : « La présidente Martine Ract-Madoux évoquait jeudi “ la dilution des responsabilités ” pour stigmatiser le rideau de fumée soulevé par Alain Juppé. Dans cette partie de “ c'est pas moi, c'est l'autre ”, Juppé a encore perdu des points vendredi. »

Le Parisien retourne le fer dans la plaie : « La présidente s'étonne ensuite que les époux Cherkaoui n'aient laissé aucune trace de leur travail à la Mairie de Paris, où ils n'avaient ni bureau ni téléphone, alors que les témoignages abondent, au RPR, de leur présence quotidienne. Martine Ract-Madoux rappelle que Nourredine Cherkaoui avait une “ secrétaire personnelle ” au RPR. Elle lit les témoignages qui décrivent Farida Cherkaoui comme la personne chargée d'organiser les déplacements d'Alain Juppé en province. L'ancien Premier ministre, à la manière d'un boxeur fatigué dont les coups partent dans le vide, botte en touche : “ Pour moi, c'était une militante. ” Jean-Pierre Mignard, avocat de l'actuelle municipalité, fait remarquer que Farida Cherkaoui cesse ses fonctions à la Mairie de Paris exactement quand Alain Juppé quitte le RPR pour s'installer à Matignon : “ Est-ce une coïncidence ? ” demande-t-il malicieusement. Alain Juppé dit “ ne pas comprendre la question ”. L'ancien Premier ministre quitte la salle d'audience, flanqué de ses quatre avocats. Les visages sont fermés. Maîtres Farthouat, Szpiner, Tonnet et Asselineau ont maintenant une semaine pour préparer leur plaidoirie. Trouveront-ils la faille ? Hier, en tout cas, ils n'ont marqué aucun point, questionnant à peine leur client, comme pressés eux aussi de finir cette maudite audience. »

Le Figaro, de son côté, critique implicitement la nouvelle stratégie d'Alain Juppé consistant à mettre en cause des absents, « à rejeter prosaïquement sur d'autres la responsabilité de ne pas avoir sanctionné leur éventuel dilettantisme. Sur ce point, plusieurs noms ont été livrés par le prévenu : Michel Roussin, alors directeur de cabinet de Jacques Chirac ; Jean Tiberi, ex-premier adjoint et à ce titre chef de l'administration – qui, sur PV, affirmait benoîtement ignorer que les époux Cherkaoui travaillaient pour la Ville ;

Hervé Mecheri, élu du 18e et adjoint au maire de Paris en charge de la Jeunesse ; de manière plus diffuse, Jacques Chirac lui-même, dont M. Grand d'Esnon était " le collaborateur " au sein de son cabinet ».

23 octobre

Copenhague aller-retour

Je n'ai vu de Copenhague, cette fois-ci, que les longs couloirs de l'hôtel où mon client a loué tout un étage, le plus chic, l'*executive*. De ma fenêtre j'aperçois un canal bordé d'immenses immeubles de briques rouges et, je ne sais pourquoi, je pense à l'univers confortable et sombre des *Buddenbrook*, le roman de Thomas Mann. Le dossier qui m'est confié est assez compliqué dans l'exécution mais dans son énoncé ne demande pas des heures. J'ai donc le temps d'étudier d'autres dossiers que j'ai eu la prudence d'apporter avec moi. De Paris, un confrère m'a faxé l'article du *Monde* paru ce jour concernant le procès de Versailles. J'attendais une réponse de Roussin aux insinuations de Juppé. Je ne la prévoyais pas aussi rapide et aussi polémique. Le fait que la présidente ne l'ait pas communiquée sitôt reçue vendredi me laisse songeur. Se réserve-t-elle de le faire au dernier moment, juste avant les plaidoiries mercredi ? Ce serait la flèche du Parthe.

24 octobre

La misère d'un homme de lettres (de change)

Je lis dans un journal *people* l'aventure spirituelle d'un milliardaire qui possède un appartement somptueux à

Paris, une villa de rêve sur la Côte d'Azur, un palais à Marrakech, un pied-à-terre à Londres et, dans et tout autour de Paris, des appartements pour sa domesticité et sa progéniture, ainsi que des sociétés financières basées à Londres. Cet homme déclare ne pas être un homme d'argent mais un homme de lettres. L'avocat et le procureur qui habitent en moi lui font immédiatement un procès.

Le procureur : – Peut-on être en même temps écrivain et financier ? Ecrire sans avoir vécu, sans avoir eu faim, peur, froid. Aucun Rothschild, aucun Dupont de Nemours, à ma connaissance, n'a écrit un seul poème.

L'avocat : — Valery Larbaud était riche.

Le procureur : — Il était riche mais il n'était pas financier.

L'avocat : — Il voyageait aussi beaucoup.

Le procureur : — Oui, mais en train, d'où l'on peut sourire à des mendiants ou entendre chanter la cantatrice dans la cabine d'à côté. Pas seul dans un Jet Falcon.

L'avocat : — Il ne voyage pas seul mais avec sa femme.

Le procureur : — Comment peut-on embrasser le monde et donner également le bras à une mondaine ?

L'avocat : — Pourtant, il écrit.

Le procureur : — C'est un écrivant. Peux-tu me citer une ligne de lui qui nous fasse rêver ?

L'avocat : — Non.

Le procureur : — Moi non plus.

25 octobre

Un message de Khieu

Le Parlement cambodgien vient d'approuver l'accord avec l'ONU relatif à la création d'un tribunal spécial pour juger les responsables survivants des Khmers rouges. Mais son fonctionnement exigerait, selon le gouvernement cambodgien, un budget de soixante millions de dollars. Les pays donateurs veulent limiter leur apport à trente-cinq millions de dollars. Quand les Occidentaux contemplent la faillite politique et financière des tribunaux spéciaux qu'ils ont créés pour l'ex-Yougoslavie et le Rwanda, on comprend qu'ils hésitent. Par ailleurs, le caractère international de ces tribunaux spéciaux rend plus difficile leur contrôle par les bailleurs de fonds, d'où la tentative en Irak de faire de ce tribunal spécial un tribunal où les participants internationaux joueraient le rôle de figurants. C'est de ces perspectives que Khieu voudrait s'entretenir avec moi, selon son dernier message. Je vais lui répondre après le procès en cours à Versailles qui absorbe tout mon temps, et après avoir consulté quelques amis au fait de la situation au Cambodge. C'est dans ces moments là qu'on sent le poids de l'éloignement. Mais d'un autre côté, m'y rendre trop souvent risquerait d'actualiser les débats sur ce procès que souhaitent les Occidentaux.

26 octobre

Une lettre de l'ambassade d'Irak

L'ambassade d'Irak m'a écrit il y a une semaine exactement. La lettre m'est parvenue pendant le procès de Versailles. J'en ai pris connaissance à mon retour de Copenhague mais rapidement. La relisant aujourd'hui, j'en apprécie mieux l'humour involontaire et la langue de bois.

« Maître,

« Faisant suite à votre lettre du 7 juillet 2004, nous avons le plaisir de vous informer que tout avocat étranger souhaitant défendre un Irakien mis en examen en Irak est soumis aux conditions des lois irakiennes concernant son entrée en Irak, son séjour et défendre les inculpés conformément à l'article (troisième) de l'alinéa (18) du code de la cour pénale irakienne spécialisée aux crimes contre l'humanité, et l'alinéa (troisième) du code des avocats n° 173 de l'année 1965 autorisant un avocat irakien d'associer avec lui un avocat étranger dans un procès précis sous condition de l'acceptation par le bâtonnier irakien et le ministre de la Justice. L'avocat étranger concerné doit remplir toutes les conditions juridiques demandées conformément aux textes des lois en vigueur et les conditions imposées par les autorités irakiennes compétentes, chacun selon son domaine de spécialité. »

Comme je le notais hier, la leçon du procès Milosevic à La Haye a porté ses fruits. Les précautions sont prises pour limiter au maximum les risques d'un affrontement politico-judiciaire.

27 octobre

Le réquisitoire

Attendu avec une impatience d'autant plus grande que l'avocat général, pendant ces six jours de débats, aura été énigmatique, le réquisitoire surprend parce que, dans une enceinte judiciaire, il est logique et intelligent. D'abord, il établit une échelle de peines rationnelle, allant croissant, de Mme Casetta, simple exécutante, à Juppé, le capitaine du navire RPR. Quant aux peines, elles sont grosso modo les mêmes qu'à Nanterre sauf pour Mme Casetta dont la peine devrait être réduite. Mais, fait nouveau, toutes ces réquisitions sont aggravées d'une peine de un à deux ans d'inéligibilité pour les trésoriers. Pour Juppé, la peine d'inéligibilité prononcée à Nanterre est ramenée de dix à deux ans. Mansuétude apparente, pire que l'extrême sévérité du tribunal, parce qu'elle apparaît raisonnable avec un résultat identique. Pour tuer un homme, il n'est pas nécessaire de lui tirer dix balles dans la tête, une seule suffit. Le visage fermé de Juppé montre sa déception.

28 octobre

La défense des trésoriers

Les avocats des trésoriers ont plaidé. Me Drai, pour Robert Galley, a évoqué son passé : « l'un des derniers Compagnons de la Libération encore en vie », « quatorze fois ministre », « marié à une fille du général Leclerc ». « Ce n'est pas un justiciable anonyme. Il est un homme d'Etat, l'un des plus brillants de la République. Il a été gaulliste à une époque où ce qualificatif était la pire insulte maréchaliste. Cet homme a servi les intérêts supérieurs de la nation. » Pour lui, Robert Galley ignorait tout des pratiques du RPR. M. Boyon, ancien ministre lui aussi, conseiller à la Cour des comptes n'ayant pas le même passé, son défenseur, Me Baratelli, a plaidé avec fougue l'innocence de son client, « fusible de luxe d'un procès où il manque beaucoup de responsables à l'appel ».

Pour Louise-Yvonne Casetta, trop lourdement condamnée à mon goût par le tribunal de Nanterre, j'ai plaidé qu'exécutante, certes, elle avait été zélée et j'ai demandé à la cour si on pouvait reprocher à un salarié son zèle, si dans la France de 2004 le travailleur idéal serait par hasard celui qui ne travaille pas et si le militant idéal serait celui qui ne croit pas à ce qu'il fait. Obéissant aux ordres de ses supérieurs, informée d'une doctrine justifiant les emplois fictifs au nom de la loi, Mme Casetta a agi avec une bonne foi qui exclut l'intention frauduleuse nécessaire à la condamnation.

29 octobre

La faute à Chirac

La défense tricéphale d'Alain Juppé s'est exprimée. La presse, qui avait déserté la salle d'audience hier, est aujourd'hui au complet. Le bâtonnier Farthouat plaide avec autorité et talent le seul argument de procédure encore disponible pour la défense, la dernière cartouche qui fait long feu puisque, malgré les interprétations les plus acrobatiques de la loi, il reste encore treize jours non prescrits dans l'affaire la plus grave, d'où ce cri du cœur : « Quel parquet oserait poursuivre pour ces seuls treize jours ? » Le chiffre 13 portera-t-il chance à Juppé ? Après le bâtonnier, c'est Me Szpiner qui a la parole, « trépignant et frappant le pupitre à s'en faire mal aux oreilles », comme l'écrit un journaliste, et comme s'il ne croyait pas à l'argument de la prescription, il revient au fond de l'affaire pour mettre en cause Chirac, sans le nommer, la responsabilité des prises illégales d'intérêts reprochée à Alain Juppé « relevant exclusivement du maire ou de son directeur de cabinet ». L'argument est nouveau et tous se demandent s'il a l'aval d'Alain Juppé. Le bâtonnier Tonnet, de Bordeaux, est chargé de donner l'*human touch* : « Cet homme est déjà brisé sur le plan politique et sur le plan moral. » Cela dit, il s'évanouit. Travail parfait.

30 octobre

« Donne-lui tout de même à boire », dit mon père

Je n'ai pas donné suite à l'invitation à déjeuner des éditions Albin Michel. Ils ne m'en tiennent pas rigueur et me font à nouveau signe pour me présenter les excuses « des tartuffes et culs serrés » de la maison :

« Permettez-moi d'abord de vous remercier d'avoir accepté de recevoir Frédéric Hallier et ses amis. Je vous adresse ci-joint la synthèse de l'entretien qu'ils ont réalisé. Pour le reste, vêtu de nulle perfidie candide ni synthétique asiatique, je troque ma fonction de naguère à *L'Idiot* pour celle de porte-parole des " tartuffes " et " culs-serrés " et vous présente à nouveau mes excuses pour ne pas vous avoir accompagné dans les combats que vous proposiez de livrer sous notre marque éditoriale. J'espère qu'avec cette anthologie, il nous sera possible de renouer. Bien à vous. »

Je pourrais faire remarquer que les éditions Albin Michel n'ont pas refusé de « m'accompagner dans mes combats », ce qui est le droit des lâches, mais qu'elles ont renié leur parole après l'avoir donnée. Mais à quoi bon ? On ne peut demander à des commerçants ce qu'on attend d'un chevalier. Leur effort est assez grand comme cela. Ils ont plié le genou. Je les autoriserai à publier mes textes parus dans *L'Idiot international.*

31 octobre

Fils de Jaurès et de Plutarque

A trente-six ans, quand il fut nommé directeur de cabinet de Pierre Mauroy, Premier ministre, M. Michel Delebarre était le type parfait du militant socialiste issu du peuple (comme Gros-Quinquin, son patron), et défenseur intransigeant des Droits de l'homme. Tous les militants se souviennent avec quelle fougue il stigmatisait dans les meetings les écoutes du *Canard enchaîné,* ordonnées par un gouvernement de droite. Voilà qu'aux affaires, il ordonne à son tour des écoutes visant des journalistes comme

Jean-Edern Hallier ou des avocats comme moi-même. Rendons-lui ce mérite que cela ne s'est pas fait sans problème de conscience.

Pour preuve de sa bonne volonté, il veut bien concéder que lui revient personnellement l'autorisation de m'écouter. Il sait qu'il tient là l'exemple de ce qui serait accepté par l'opinion publique, et précise même : « J'en ai le souvenir, car cela a fait l'objet de discussions. » Le juge saute sur la concession : « Vous venez de me dire que la mise sur écoutes de Jacques Vergès avait fait l'objet de discussions. S'agit-il de discussions entre le Premier ministre et vous ? » Michel Delebarre laisse alors tomber cette réplique, noble et historique : « Il s'agissait de discussions entre ma conscience et moi. » N'est-ce pas digne de l'Antique et de Molière tout à la fois ?

1er novembre 2004

Humain trop humain

Beaucoup de mes amis les plus proches sont morts. Je ne dis pas hélas ! Car cette mort était dans la logique de leur vie et ils continuent à vivre en moi. Mais c'est à un suicidé que je pense aujourd'hui car la mort, chez lui, était le signe d'un échec. Avocat, fils de parents riches morts en déportation, il n'avait pas de soucis d'argent. Son mal était la solitude qu'il n'avait pas choisie. La défense du FLN avait été le grand amour de sa vie, mais la guerre était finie. Avec une amie, nous évoquions, au Père-Lachaise, ses derniers moments, et admirions comme il avait préparé son coup avec minutie ; ce sens du cérémonial : la chambre d'hôtel sur le port, le rire des mouettes et les torchères du quai éclairant la baignoire ancienne aux pattes de lion où l'eau refroidit moins vite que son corps. Il peut faire le tour du propriétaire, lui dis-je, le quartier lui plaira, les voisins aussi, là Nush séparée d'Eluard pour l'éternité, ici Marie Laurencin, seule sous l'arbre mort, les Apollinaire, en face, Dieu est grand, toute une colonie de musulmans de jadis, poètes persans, princes afghans, dignitaires ottomans, chevaliers de l'empire des Indes, ambitieuses ou tendres renégates, il y a même un sultan de Zanzibar, le grand-père de celui que les copains viennent de virer. Quant aux camarades, si le cœur lui en dit, c'est là-bas, au fond de l'avenue, au pied du Mur. Elle ne me répondit pas. Je sortis ma pipe et me mis à la bourrer. Elle en remarqua la vieille bague d'argent nue.

« C'est la sienne, n'est-ce pas ?

— Oui, il me l'a donnée avant de partir en vacances, comme il disait.

— Et ça ne vous a pas semblé étrange ?

— Non, hélas ! »

2 novembre

Sous le signe de l'amitié

J'ai pu atteindre enfin Simone B. qui vient d'obtenir un prix littéraire pour son livre poignant sur sa jeunesse dans une famille rigoriste de Tunisie. Je tiens à son amitié d'autant plus qu'elle est la veuve d'un confrère un peu plus âgé que moi et qui fut mon ami.

Ce soir, j'ai invité à dîner Bernard Debré et des amis désirant mieux le connaître dans un restaurant tourangeau. Commencé à 20 heures, à l'abri d'un salon particulier, plus que le repas, la rencontre, la conversation vont se poursuivre jusqu'à minuit. L'occasion d'apprécier le vouvray, le bourgueil, l'anguille de l'Indre, la carpe de la Brenne, les rillons mais aussi de mieux nous connaître les uns et les autres dans nos différences et aussi nos accords d'hommes parfaitement libres. Nous avons eu de la peine à nous quitter mais il le faut bien. Demain, le travail va reprendre avec la même passion.

3 novembre

Encore sous le signe de l'amitié

Nous célébrons à midi l'anniversaire de Françoise, la principale du cabinet, en compagnie d'Hélène, d'Edith, de Lili la comptable et d'un confrère, chez Lilam, qui tient un restaurant sino-thaï et qui est aussi une amie. Le repas, joyeux, nous a menés tard dans l'après-midi. Le soir, je dîne avec Louise-Yvonne Casetta, le seul vainqueur du procès des emplois fictifs du RPR où Juppé a fait naufrage. Le repas a été préparé par Michèle, une amie fidèle des bons et des mauvais jours.

Entre-temps, j'ai reçu un coup de fil de Darius Rochebin, de la Télévision suisse romande. En dehors de l'actualité, c'est encore d'amitié que nous parlons sans nous connaître tellement ; celui qui nous a présentés l'un à l'autre, c'était Dominique Poncet, le grand juriste et l'homme merveilleux qu'il respectait et que je me permettais d'aimer. Un deuil peut aussi réunir. Que Bush soit élu ne peut nous bouleverser. C'est lui qui représente le mieux l'Amérique aujourd'hui, l'Amérique qui nous menace. Kerry aurait eu grosso modo la même politique avec plus d'hypocrisie et aurait été capable d'entraîner les naïfs volontaires prêts à servir l'Empire américain, pourvu que la forme soit sauve. Il est des moments, disait-on dans la Rome ancienne, où les dieux rendent fous ceux qu'ils veulent perdre.

4 novembre

Toujours l'amitié

Débat ce matin avec Roland Dumas pour un hebdo. Dans une lettre ouverte au moment de la guerre du Golfe, critiquant la politique suiviste de Mitterrand et du gouvernement socialiste à l'égard des Etats-Unis, j'avais écrit : « Roland, tu n'es qu'une merde ! » Il ne m'en veut pas. Il a bien raison.

Déjeuner avec Marie-Claude Radziewski, maintenant installée en Espagne, qui fut ma collaboratrice pendant la guerre d'Algérie, et certainement le membre le plus courageux de notre collectif d'avocats. Un courage que cachaient parfaitement sa coiffure, toujours impeccable, et l'élégance de ses vêtements. Judith, qui fut ma secrétaire à mi-temps à l'époque (elle jouait l'autre moitié de son temps dans les pièces de Jean Genet), s'est jointe à nous ainsi que le mari espagnol de Marie-Claude. Au cours du repas, pour dire notre bonheur, je rappelle à Marie-Claude et à Judith cette phrase d'Henriette, la femme de Serge, le responsable du collectif belge, que je retrouvais après vingt ans d'absence : « Jacques, comme il est bon de vieillir. » Quand, dans la vie, on a toujours fait ce qu'il nous plaisait de faire, c'est l'évidence. J'ai apporté pour Marie-Claude le récit de l'assassinat de notre confrère Ould Aoudia par ses assassins, agissant sur ordre du gouvernement.

5 novembre

Adieu veaux, vaches, cochons

et les folies de bouche prévues pour trois jours au Salon du livre, à Brive-la-Gaillarde ; je me suis réveillé ce matin avec de la fièvre, une légère migraine et une toux sèche, manifestation de colère de mon corps contre la pollution de Paris. J'en profiterai pour jeter sur mes dossiers le regard distancié et curieux d'un danseur de l'Opéra de Paris sur la manière de faire de ses collègues de Pékin, et le premier dossier qui attirera encore ma réflexion sera le dernier dont je me suis occupé, le dossier Juppé ; il y a huit ans, c'était le dossier Casetta.

Si le procès est une bataille, cette bataille est précédée d'une longue marche : la procédure, étymologiquement la marche en avant, vers le champ de bataille, la salle d'audience. Et, comme l'issue d'une bataille est le résultat de marches et de contre-marches des armées qui se cherchent, l'issue du procès dépend du déroulement de la procédure. Au départ, une rumeur alimentée par les délires d'un psychopathe avait désigné Louise-Yvonne Casetta comme la banquière du RPR, la spécialiste des comptes off-shore, l'ennemie d'Alain Juppé, par là même blanchi. Puis la procédure, lentement, en huit ans, l'a ramenée à son vrai rôle : exécutante, mais zélée, *dixit* le jugement du TGI de Nanterre.

6 novembre

Soudain joyeux, il dit : Grouchy, c'était Blücher

Ma nuit a été agitée. J'ai fait des choses dans un demi-sommeil que je ne me rappelle plus avoir faites. Le matin, ma toux n'est plus sèche mais j'ai la tête qui tourne toujours. Et je regarde l'énorme dossier avec autant de curiosité. Mme Casetta ne s'est jamais défilée et a toujours avoué avoir contacté les entreprises sur l'ordre de ses chefs. Tous ses chefs prétendaient n'être pas au courant de ce qu'elle faisait, même si leurs propres secrétaires déclaraient comme le directeur de cabinet de M. Juppé : « Tout le monde savait », personne au tribunal ne les a crus. Ils ont été par suite sévèrement condamnés, mais Mme Casetta aussi, car l'idée demeurait : dans ce bordel, elle a peut-être pris des initiatives. En appel, tous les responsables ont changé de stratégie, non pour reconnaître leurs fautes mais pour prétendre qu'elles étaient le fait du secrétaire général pour les trésoriers, des trésoriers pour le secrétaire général qui finit par mettre en cause, par la voix de son avocat, Jacques Chirac.

L'exhibition de ces hiérarques était pour ceux qui en étaient les témoins un spectacle déplorable mais, au moins, personne ne niait plus que Mme Casetta portait un chapeau trop grand pour elle.

7 novembre

L'énigme Juppé

Cloîtré depuis deux jours, ne mangeant guère, dormant enfin mon soûl, j'ai fini par perdre la notion du temps et appeler une amie pour lui demander, à son étonnement, si nous étions aujourd'hui dimanche ou lundi. Entre mes longues heures de sommeil, je consacre encore le temps qui me reste au dossier que je quitte. Le triomphe de la stratégie de Louise-Yvonne Casetta est sans mystère. Il est le résultat d'une longue bataille vers un objectif abordable à la fin. L'attitude des politiques, et spécialement celle de M. Juppé, est pour moi plus énigmatique. Sans doute ce dernier a-t-il pensé que les secrétaires mentiraient et diraient que leurs salaires étaient un secret pour le secrétaire général et les trésoriers mais c'est l'inverse qui a eu lieu.

J'ai comparé la procédure à une marche vers le champ de bataille : tous les stratèges sont prêts à modifier leurs plans si l'adversaire est plus puissant qu'ils ne le croyaient, quitte à revenir ensuite sur leurs pas. Mao Zedong a écrit à ce sujet des pages immortelles. Le général de Gaulle a su, lui aussi, entraîner les généraux putschistes jusqu'à un terrain où il pouvait leur porter le coup fatal. M. Juppé n'a compris ni Mao ni le Général.

8 novembre

Le RPR d'en haut, le RPR d'en bas

Seuls quelques hauts responsables du RPR sont venus à l'audience, à la demande de hauts fonctionnaires de la Ville de Paris, confirmer que les titulaires d'emplois fictifs, qui n'avaient pas de bureau à l'Hôtel de Ville, pas de ligne téléphonique et pas de secrétaire y travaillaient toute la journée ; et ne venaient que le soir consacrer du temps à leur parti, le RPR, là où ils avaient, en revanche, bureau, ligne téléphonique et secrétaires. Lesdites secrétaires, entendues, ont toutes témoigné du contraire : ces messieurs-dames étaient toute la journée au RPR.

Comment M. Juppé n'a-t-il pas compris qu'opposer ainsi les témoignages des responsables (le RPR d'en haut), aujourd'hui bénéficiaires de postes importants, préfet, directeur de banque ou président de l'établissement public du château de Versailles, à ceux des secrétaires, humbles petites mains (le RPR d'en bas) ne pouvait être que du plus mauvais effet ?

9 novembre

La distribution des prix

C'est la saison des prix. Le Goncourt a été attribué à un écrivain des éditions Actes Sud pour récompenser sans doute son responsable d'avoir dénoncé les prix que ses auteurs n'obtenaient jamais. Aujourd'hui, c'est fait, et derrière la contestation, ou plutôt monté sur elle, c'est toujours le conformisme qui gagne. L'auteur, pour imaginer ses histoires, s'inspire de clichés photographiques, confiet-il à un magazine. Mais, pour le critique de *Libération*, ce jour, il s'agit de clichés tout court : « On peut même dire que sa langue naît dans le cliché : littéraire, touristique, ethnologique, cinématographique, sentimental. Tout est unifié par lui. Le narrateur parle comme les personnages qui parlent comme le narrateur. Ils ont “ la raideur des terres du Sud et le regard noir des hommes sans peur ” mais non sans kitsch. »

Le Figaro consacre un long article au lauréat de l'Académie universelle des cultures. Il ne s'agit plus d'un écrivant, mais d'un artiste d'un genre différent : il pratique l'enquête policière et judiciaire. Le juge Baltasar Garzon, comparé tour à tour au prince Muichkine, à don Quichotte, à Tintin, à Tartarin et à Saint-Just, hélas, s'est mis dans la tête d'instruire le cas Ben Laden qu'il a inculpé. Derrière ce déluge de compliments ne peut apparaître qu'une créature de composition. Seul le néant peut être représenté par Tartarin et Muichkine en même temps, ou Tintin et don Quichotte. Le néant, ou un juge conformiste et mondain.

10 novembre

Les juges tels qu'ils sont

La justice est telle qu'elle est, non pas dans l'habit de lumière que porte le juge Garzon – qui inculpe Pinochet et Ben Laden et oublie d'inculper les amis encore vivants de Franco – mais dans sa salopette de travail noire ou rouge : les magistrats qui ont témoigné hier devant le tribunal d'Auxerre dans l'affaire des prétendues jeunes disparues de la DDASS donnent une idée de l'ampleur de leur propre incurie. Qu'on en juge : en 1981, il y a bientôt vingt-quatre ans, le gendarme Christian Jambert désigne aux juges Emile Louis comme étant le meurtrier de Sylviane

Lesage, retrouvée morte sur un tas de fumier. Premier dysfonctionnement : trois ans plus tard, Emile Louis bénéficie d'un non-lieu cependant que le gendarme, qui n'en est pas averti, apporte au procureur Meyer un rapport mettant en cause Emile Louis dans la disparition de sept jeunes filles. M. le procureur n'en a que faire : « Aucun élément n'accréditait une hypothèse d'assassinat », explique-t-il. Jambert transmet son rapport au substitut Stilinovic qui le transmet au juge Bourguignon, qui a déjà rendu un non-lieu dans l'affaire de la première « disparue », ce qu'ignore le substitut. Le rapport revient au parquet avec la mention « Non » que personne ne se souvient aujourd'hui d'avoir écrite. Il y a vingt ans.

11 novembre

La der des der

A l'heure où la guerre est vécue comme une réalité quotidienne par des millions de personnes, en Afghanistan, en Irak, en Palestine, en Côte-d'Ivoire, en République démocratique du Congo, les vainqueurs de la Première Guerre mondiale célèbrent leur victoire : elle aura bientôt un siècle et elle a accouché de la Deuxième Guerre mondiale et des guerres de décolonisation qui ont suivi ! La guerre a un visage horrible pour le plus grand nombre : faim, peur, humiliation, tortures. Nous sommes quelques-uns pourtant à en être sortis sans y avoir laissé une once de chair ni un souffle d'esprit. Heureux donc d'un bonheur difficilement avouable. J'en ai fait l'expérience trois semaines au cours du procès Juppé. L'ancien ministre Robert Galley et moi-même avons participé à la Deuxième Guerre mondiale. Nous avions tout fait pour cela, et l'homothétie de nos positions nous a rapprochés : nous étions tous deux trop jeunes pour être acceptés dans l'armée ; il nous fallait l'autorisation paternelle. Il avait dix-huit ans et moi dix-sept. Nous avons été vainqueurs. Nous avons tué. Nous n'avons pas torturé ni humilié. C'est ce qui nous a permis, pendant les suspensions d'audience, évitant le pathos complaisant, de nous rappeler deux belles sorties d'adolescence éclairées par ces balles traçantes dont rêvait le Che.

12 novembre

Vérité et justice

Mon vieil ami, le bâtonnier Xavier Magnée, de Bruxelles, me rappelle que nous avons vécu des moments professionnels inoubliables. Il écrit en ce moment un livre sur l'affaire Dutroux. Dutroux m'avait d'abord sollicité, mais, mon emploi du temps trop chargé ne me permettant pas d'assumer cette charge, je lui avais conseillé Magnée. Ce dernier me demande de préfacer son ouvrage. Pour cela, je dois le lire. C'est ce que je fais pendant ces quelques jours de repos forcé, et je tombe sur ce récit où beaucoup découvriront un humour et une franchise belges bien vivants : « C'était au siècle dernier. A l'inauguration d'un nouveau Palais de justice [...] Il y avait là, pour la circonstance, un procureur général, un ministre et sans doute aussi quelques enfants des écoles qui connaissaient par cœur notre hymne national. Autres temps. Il n'y a plus que l'extrême droite pour en connaître toutes les paroles. Au fronton du noble bâtiment, on pouvait admirer deux déesses dans un harmonieux ballet.

— Voyez, dit le procureur, comme c'est beau, la justice et la vérité se donnant la main.

— Comme c'est poignant, lui répond le ministre, elles se disent au revoir. Elles ne se verront plus jamais. »

13 novembre

L'intuition du juge

La vérité judiciaire n'est jamais que la certitude d'un juge, dit Xavier Magnée qui est un homme poli et prudent, mais il sait, pour nous avoir raconté l'au revoir de la justice à la vérité, que la justice peut farder la vérité, refuser de la chercher ou tout simplement mentir effrontément. Les exemples ne manquent pas dans nos démocraties.

Les juges refusent de rechercher la vérité

Dans l'affaire Omar Raddad, on trouve l'ADN de deux hommes différents dans deux taches de sang de Mme Marchal sur les portes de la cave, et ces ADN ne sont pas ceux d'Omar. Le procureur, M. Davenas, ne veut pas retenir le fait car, dit-il, beaucoup de gens sont entrés dans la cave et ont pu y laisser leur ADN. Circulez, il n'y a rien à voir. Et la commission de révision adopte cette position. Mais quand une petite Anglaise est violée et tuée en Bretagne, dans une auberge de jeunesse, le juge Van Ruymbeke ne se pose pas de questions, il exige l'ADN de tous les mâles du village. Quand, sur une route de l'île de Ré, la petite Audrey est tuée et violée, le juge ne se dit pas comme M. Davenas qu'il passe trop de monde sur cette route ; il recherche tous ceux qui ont pu s'y trouver ce jour-là, plus de deux cents, et tombe sur le coupable. Ce que ces juges ont fait, la cour de révision, qui devrait donner l'exemple, a refusé de le faire. Les mauvaises langues diront que, dans les deux premiers cas, le coupable ne pouvait être qu'un routard, mais que, dans le cas de la riche veuve Marchal, le coupable ne pouvait être qu'un proche.

Les juges fardent la vérité

C'est le cas du Japonais cannibale, déclaré fou alors qu'il ne l'est pas. Les faits sont reconnus. L'expertise lui est appliquée comme un fard.

Les juges mentent

L'assassin de Jaurès a été acquitté malgré ses aveux, malgré les témoignages, par la cour d'assises qui l'a déclaré innocent et a condamné la veuve de Jaurès à régler les frais du procès. La Cour de cassation, notre Cour suprême, a confirmé le mensonge.

14 novembre

La solitude de l'avocat

Le crime ne fait pas seulement peur pour des raisons psychologiques, il fait peur aussi pour des raisons métaphysiques. L'homme est le seul être vivant à se reconnaître dans un miroir, par suite à s'aimer et se haïr, à aimer et haïr les autres. Le crime est un miroir, non pas seulement pour la société mais pour chacun d'entre nous, et l'image qu'il nous renvoie nous horrifie, d'où la volonté de ne pas la voir dans toutes ses dimensions. C'est pour cela qu'ont existé l'Index et la Censure, c'est pour cela que Flaubert et Baudelaire sont condamnés. Car seuls peuvent plonger au fond de nos gouffres le poète et l'avocat. La différence est la suivante : les personnages du romancier, du poète sont symboliques, sans mystères, tels qu'en eux-mêmes l'éternité les change, tandis que le criminel vivant reste mystérieux jusqu'à sa mort, et c'est pourquoi, plus encore que le poète, l'avocat est haï par la foule. Xavier Magnée rapporte qu'après le procès Dutroux il fut abordé par une femme élégante qui lui dit : « " Laissez-moi vous dire que toute votre publicité est dégoûtante... Je ne vous salue pas... " Mais, reprend-il, l'un des plus beaux moments de ma vie... je l'ai vécu en plein procès, à Grâce-Hollogne, sur le pont... dans la ferveur et le recueillement. Et j'ai compris ce qu'était cette amie qui vous accompagne, qui vous berce, qui vous tire des larmes et qui vous réconforte : la solitude. »

15 novembre

Le procès des écoutes élyséennes

Tel est le nom donné au procès qui s'ouvre aujourd'hui à la salle des Criées du Palais de justice. Un procès est toujours une boîte à surprises, mais il y a des surprises plus surprenantes que d'autres. A peine l'audience commencée, le bâtonnier en exercice se lève, s'étonne que mon client, le capitaine Barril, puisse être à la fois prévenu et partie civile et nous somme, moi et le tribunal, de mettre fin à cette situation. Il faut choisir, me dit-il. Le président lui murmure : « Violences réciproques... », mais il ne comprend pas et le regarde, interrogateur, comme s'il avait dit : abracadabra. A mon tour de lui expliquer ce que tout jeune stagiaire connaît par la pratique. Quand deux énergumènes se battent et se blessent mutuellement, ils sont prévenus pour avoir porté des coups à l'autre et admis comme plaignants, partie civile, pour en avoir reçu. « Vous ne connaissez pas le droit, lui dis-je, mais vous ne connaissez pas plus les usages. Il est de règle de laver notre linge sale d'avocats en famille. Si la double casquette de mon client vous posait un problème, l'usage voulait que vous me convoquiez pour nous expliquer. Si vous l'aviez fait, je vous aurais évité cette bévue en public. Je regrette votre injonction, ai-je poursuivi, car elle est contraire à la loi et à l'éthique professionnelle. Je ne peux trahir la confiance d'un client parce que mon bâtonnier est aussi ignorant. » Et je conclus : « Monsieur le bâtonnier, vous êtes indigne. » Tous les confrères m'ont approuvé, sauf un qui, en voulant à Barril, avait soufflé cette incongruité au bâtonnier. Souffleté deux fois, le bâtonnier a quitté l'audience, piteusement, ont dit les uns, péteusement, ont dit les autres.

16 novembre

Un combat de vieux dans une maison de retraite

L'affaire des écoutes de l'Elysée remonte à plus de vingt ans. Un homme dans la force de l'âge, à l'époque, a aujourd'hui l'âge de la retraite. En contemplant les prévenus (ils sont douze, comme les apôtres), je pensais à un combat de vieux dans une maison de retraite. C'est un procès sans enjeu véritable depuis la mort de M. Mitterrand et de Charles Hernu. Il n'y a, assis sur les chaises de plexiglas, que des exécutants et, chez les victimes, personne n'est mort des suites des écoutes. Dans le procès des emplois fictifs, il y avait au moins des enjeux : l'avenir politique de M. Juppé et les conséquences de son effacement. Ici, rien de cela. Le préfet Prouteau et le général Esquivié sont à la retraite, et M. Delebarre, ancien ministre, n'est plus, à gauche, une étoile de première grandeur. Mais cette corrida sans mise à mort est intéressante tout de même car elle illustre la dérive d'une démocratie quand le chef de l'Etat est habile sans être prophète, despote sans être éclairé. Son comportement devient celui d'un émir possesseur de sa charge et possesseur de son peuple pour son seul plaisir. Un plaisir absolu est toujours médiocre car il lui manque le rêve.

17 novembre

Les petites mains d'Alzheimer

Les procès sont toujours intéressants : on peut y voir des différences de comportement entre des groupes sociaux apparemment très voisins. Dans l'affaire des emplois fictifs du RPR, personne au sein de la direction n'avait daigné donner des directives aux secrétaires qui avaient donc, en toute bonne conscience, dit la vérité aux enquêteurs. Dans l'affaire des écoutes, les secrétaires sont des femmes, mais aussi des militaires, et militaires, elles ont reçu de leurs chefs l'ordre de se taire. Le résultat n'est pas plus probant. Une gendarmette ne se souvient pas « si elle tapait des lettres ». Elle ne se souvient même pas « si elle avait une machine à écrire ». Et quand le juge lui demande : « A quoi occupiez-vous vos journées ? » elle répond : « J'attendais que le temps passe » ; mais le colonel Prouteau qui signe sa notation dit d'elle : « Sous-officier sérieux et travailleur, [elle] a longtemps contribué à l'efficacité de l'équipe qui travaillait à la sécurité du président de la République. » La propre secrétaire du colonel, pour éviter les questions gênantes, déclare : « Je ne faisais pas attention à ce que je tapais » ; ou encore « Je n'étais pas là pour penser ».

« Tout ce personnel donne l'impression de vouloir dissimuler », constate le président.

18 novembre

Les spectres qui nous hantent

Ce matin, le fantôme de Félix Moumié, dirigeant de la résistance au Cameroun à la fin des années 50, m'a rendu visite avec la Télévision suisse romande. Félix était un ami. Que les domestiques qui confondent lâcheté et modération me fassent le reproche de cet aveu ! Je les emmerde ! J'ai été stagiaire en un temps où personne, au barreau, n'aurait reproché à Isorni sa fidélité à Pétain, condamné pour intelligence avec l'ennemi. Invité à déjeuner par un certain M. Bechtel, citoyen franco-suisse proche des services français, Félix Moumié avait trouvé un goût étrange au vin que celui-ci lui servait. Rentré à son hôtel, il dit à une amie : « Je sens la paralysie qui me gagne progressivement. Je suis empoisonné et les symptômes sont ceux du thalium. » Conduit à l'hôpital, il est mort le 3 novembre 1960. Une perquisition chez M. Bechtel, qui avait disparu, permettait de trouver, dans la poche du veston qu'il portait le soir du repas, des traces de thalium. Une procédure par défaut fut engagée contre lui par la justice suisse. Pendant vingt ans, il fut « introuvable ». Extradé de Belgique en 1980, vingt ans après les faits, il bénéficia d'un non-lieu dans une procédure où la famille de Moumié était absente. Dans ces années-là, le communisme tenait la place du diable, celle de Ben Laden aujourd'hui, et tout était justifié pour le combattre. Moumié se réclamait de Marx, de Lénine et de Mao. Il fut abattu. Ne nous indignons pas. S'il était vivant, il nous dirait : « Ça vous étonne ? » et il éclaterait de rire, comme il le faisait souvent. C'était mon ami.

19 novembre

Le café Terminus

Déjeuner à midi au café Terminus, à l'hôtel Concorde Saint-Lazare, dans le faux décor 1900 signé Sonia Rykiel, à l'invitation d'un ami irakien. Pendant qu'il réfléchit sur la carte, hésitant entre le cœur de saumon d'Ecosse et le filet de daurade au fenouil fondant, je lui dis la belle et toujours actuelle histoire du lieu, construit en 1889 à l'occasion de l'Exposition universelle. Le hall, construit par Eiffel, est classé. C'est ici que le 12 février 1894, à 20 h 30 exactement, un jeune homme a allumé son cigare comme je viens de le faire, enflammé la mèche de la bombe qu'il dissimulait sous son manteau et l'a lancée vers l'orchestre. Bilan : un mort et vingt blessés. Arrêté, Emile Henry, c'est son nom, étudiant admissible à l'Ecole polytechnique, âgé de dix-neuf ans, est condamné à mort et sera exécuté le 21 mai 1894. Clemenceau, qui a assisté à son exécution à la prison de la Roquette, en fait un récit saisissant : « La grande porte s'ouvre, et derrière l'aumônier courant à la bascule, Emile Henry paraît, conduit, poussé par l'équipe du bourreau... C'est un jeune homme en paletot clair qui sort de la prison, le cigare aux lèvres, et vient en riant, sous le regard de tous, à trois pas de la guillotine, conter une bonne histoire... Deux gendarmes sont livides... Quelque chose comme une vision du Christ de Munkacsy, avec son air fou, sa face affreusement pâle, semée de poils rouges, rares et tourmentés... Le visage blême m'aveugle. L'homme ligoté s'avance d'un pas rapide, malgré les entraves. Il jette un regard circulaire et, dans un rictus horrible, d'une voix rauque mais forte, lance convulsivement ces mots : " Courage, camarades. Vive l'anarchie ! " Et Clemenceau conclut : « La lutte contre des idées se mène par des moyens psychiques, non avec les accessoires de M. Deibler. »

C'est un conseil que MM. Bush, Rumsfeld et autres devraient méditer.

Cet ouvrage a été composé et imprimé par la
SOCIÉTÉ NOUVELLE FIRMIN-DIDOT
Mesnil-sur-l'Estrée
pour le compte des Éditions Plon
76, rue Bonaparte
*Paris 6e*
en janvier 2005

Dépôt légal : janvier 2005
Nº d'édition : 13859 – Nº d'impression : 71732

Imprimé en France